金星出版

命理生活新智慧・叢書

VENUS PUBLISHING CO.

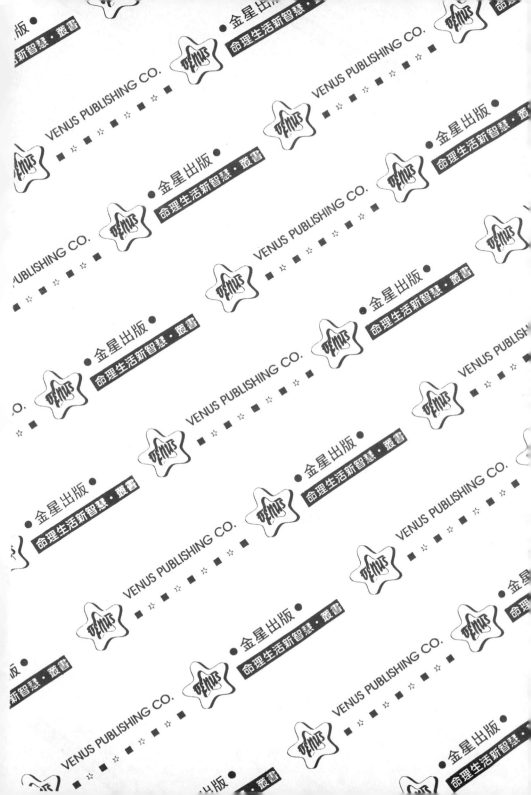

命理生活新智慧・叢書 05-1

三分鐘算出紫微斗數

《修訂一版》

金星出版社 http://www.venusco555.com
E-mail: venusco@pchome.com.tw
法 雲 居 士 http://www.fayin.tw
E-mail: fatevenus@yahoo.com.tw

法雲居士⊙著

金星出版

國家圖書館出版品預行編目資料

三分鐘算出紫微斗數《修訂一版》／
法雲居士著，--臺北市：金星出版：紅螞蟻總經銷，2009.09　冊；　公分--
（命理生活新智慧叢書；05-1）

ISBN: 978-986-6441-06-6　(平裝)

1.紫微斗數

293.11　　98010418

三分鐘算出紫微斗數《修訂一版》

作　　者：法雲居士
發 行 人：袁光明
社　　長：袁靜石
編　　輯：王璟琪
總 經 理：袁玉成
出 版 者：金星出版社
社　地址：台北市南京東路3段201號3樓
電　電話：886-2--25630620●886-2-2362-6655
傳
郵政畫FAX：886-2365-2425
總 經 銷：紅螞蟻圖書有限公司
地　　址：台北市內湖區舊宗路二段121巷28・32號4樓
電　　話：(02)27953656(代表號)
網　　址：http://www.venusco555.com
E-mail　：venusco@pchome.com.tw
　　　　　venus@venusco.com.tw
法雲居士網址：http://www.fayin.tw
E-mail　：fatevenus@yahoo.com.tw

版　　次：2009年9月修訂一版版
登 記 證：行政院新聞局局版北市業字第653號
法律顧問：郭啟疆律師
定　　價：　280　元

行政院新聞局局版北字業字第653號

ISBN：978-986-6441-06-6　（平裝）

（因掛號郵資漲價，凡郵購五冊以上，九折優惠。本社負擔掛號寄書郵資。單冊及二、三、四冊郵購，恕無折扣，敬請諒察！）

序

目前紫微相命非常盛行，除了極端鐵齒的人之外，幾乎每一個人都有一張命盤。有些喜歡算命的人，更同時擁有好幾張命盤的都有。可見紫微斗數這門命理學是極端受到大眾喜愛的。

我常常在一些演講場合中，聽到一些聽眾發問，或是在論命中有些朋友向我訴苦，說是：對紫微斗數非常有興趣，但是有什麼簡易的方法可以馬上排出來觀看並獲得答案呢？

本來做學問的事；最好是一步步按步就班的較實在。但是有些朋友說：『我等不及啦！紫微斗數好難呀！我總是進入不了狀況，但是我又非常想學…』

為了這些有興趣想學，卻又心急怕學不好的朋友，我特別想出了一個簡易的方法，溶合了以前江湖開館命相者常用的手算法及正宗的演算方法，於是就有了這本『三分鐘算出紫微斗數』的書。

希望能幫助朋友們快速的排出自己的命盤，讓這些朋友們破除心理的障礙，稍為感覺出一些成就感出來。以激發朋友們對紫微斗數的興趣。進而更深一層的向紫微斗數的領域中探討。

認眞的來說，三分鐘實在太短了。對一個毫無經驗或對紫微斗數中的命理、星曜名詞完全都沒有概念的人來說，可能要摸索著演算五個至十個人的命盤的訓練，才能眞正達到三分鐘算出紫微命盤的可能，因此我要誠實的說：『三分鐘算出紫微斗數』是對那些已稍微知道紫微斗數中星曜名詞的人來說，是可立即達到的境界。

倘若你眞的是對這些名詞一竅不通，也沒有關係！只要多看幾遍，也可以入門了。

到目前為止，紫微斗數仍是一門以邏輯性、歸納性而形成準確性最高的命理學。尤其是在掌握人的個性，與算出流年、流月方面更是精確無比。紫微斗數在經過一千多年至今，已有眾多的改革。因此將更符合現代人探知命理的需求。我也深切的希望紫微斗數能帶給每個人掌握美好人生的企機。

在此與讀者共勉之。

法雲居士　於山居　孟冬

命理生活叢書05

三分鐘算出紫微斗數

目錄

一 前言

首先我要說明的是有關『三分鐘算出紫微斗數』這本書，是一本簡易的排出紫微命盤的工具書。說是簡易，但也具備了擷取精華，而加以整理，使讀者能快而精準的掌握演算的重點，而達到演算的目的。

在『三分鐘算出紫微斗數』這本書中，省略的部份乃是有關流年、歲星與流年將星的部份。因為這些星曜都是屬於丁級星曜、戊級星曜。在命理上影響的情況不大。

這些丁級、戊級的流年歲星及將星，一般在新年時發行的農民曆上，十二生肖運勢表上都有。倘若你的流年命宮（譬如辰年，辰宮便是你的流年命宮。）主星很強，是甲級星曜類。那你這一年便受此甲級星的影響較大，丁級星、戊級星是產生不了什麼作用的。

倘若你的流年命宮是空宮（無甲級星），這時便是小鬼當家，這些丁級星、戊級星便會發生作用了。不過此時還是有個重要的關鍵，便是對宮及四方三合的影響力。這些影響力也主宰著你當年，或那一個宮位的吉凶。這些力量常常也高過流年將星、流年歲星這等丁級、戊級星的力量。是故甲級星的力量是高過一切星曜的。

也因此我們一般在命相時，大多數都是以甲級星為主要依據。甲級星中的吉星居旺，我們可以知道這一宮或這一年是居吉的。甲級星中的凶星居旺，如擎羊、陀羅、火星、鈴星居旺，雖有小麻煩，為害不大。像是火、鈴二星，遇上貪狼星，尚有偏財運等。倘若火鈴獨守，也是會有些偏財運的。因此我們可以知道甲級星居旺時，大致還都平順吉祥。它的氣勢是可壓過丁級、戊級星的。

倘若甲級星居陷地，那福星不能為福，財星不能進財，凶星會帶來災難。這也不是丁級星、戊級星中的小吉星所能撫平、扳正的了。

另一方面我也省去了安生年博士十二神與安五行局長生十二神的手續。這些是與運氣行的方向有關的程序。在一般論命以主星為主的狀況下，這些丙級星，常常只是徒具形式的存在著，意義是有，但是不會超過甲級星，故而省略。倘若你仍想進一步，排出有一百零捌顆星的完整命盤，請參考我的另一本『簡易紫微斗數入門篇』，便可順利完成。倘若你想繼續瞭解紫微斗數的精髓，深切的探討命理格局的形成和走向，請參考『實用紫微斗數精華篇』，會使你對每個命局瞭若指掌，如數家珍，大增命理知識的功力。

二　演算前的準備

在演排紫微斗數命盤之前，你必須做一些準備的工作，例如先做一張空白的命盤圖表，和把生日的日期，由國曆換算成中國的農曆日期等等的工作。

1.命盤製作圖表

你首先要畫一份命盤的圖表，如下頁圖，並將子、丑、寅、卯、辰、巳、午、未、申、酉、戌、亥等字，如圖上所示標上去。這代表十二宮的格子，就是十二宮的所在。並將欲排之人的姓名、生辰、年、月、日寫在中間的方格之右方之位。

其次我們要把國曆（西元）的日期換算成農曆的日期。這個換算是非常重要的一環，請讀者注意：倘若換算錯誤或有了瑕疵，整個命盤的命宮主星便會錯誤不實，論命也就不準確了。

命盤製作圖表

巳	午	未	申
辰	局	民國××年××月××日×時生	酉
卯	命主： 身主：		戌
寅	丑	子	亥

2. 出生日期：年、月、日、時的換算法

㈠年柱的排法：

年柱的換算，通常在農民曆或萬年曆上可以找到。但是有些人是在年尾或年初出生的。錯誤往往發生在這裡。

※中國命理上，是以『立春』爲一年的交接點。立春以前屬於上一年。立春以後屬於下一年的年支。

由於『立春』這個『節』，有時會在農曆的十二月，有時會在農曆的正月，所以排年柱時要特別注意當事人的生日在『立春』之前還是之後。

例如：

正常現象：

1.生日在正月立春之後出生，其年柱爲當年的干支。

西元一九七一年（民國六十年）正月初十生的人，因立春在初九戌時，故爲

當年（辛亥年）生年干支。

2.若生日在當年農曆十二月，立春前出生者，其年柱爲當年的干支。

如西元一九七二年（民國六十一年）二月一日出生，農曆是辛亥年十二月十七日。因二十一日才立春，故此人的生年干支仍是辛亥年。

反常現象：

3.若在當年正月立春前出生的人，其年柱乃爲上一年的干支。

例如：西元一九八二年（民國七十一年）農曆正月初八生的人，因十一日才立春，故其年干應爲上一年辛酉年。

4.若生日在本年十二月立春後生的，其年柱即爲下一年的干支。

例如：西元一九七一年（民國六十年辛亥年）農曆十二月二十三日出生的人，因立春在二十一日，故其爲下一年壬子年生的人。

㈡月柱的排法

月柱的排法，讀者也需注意的是，在命理學上，是以『節』爲一個月的開始，

三分鐘算出紫微斗數

出生年、月、日、時的換算法

並不是農曆的初一為一月之始的。

十二個月的名稱及開始點如下：

正月月支『寅』——由立春開始。
二月月支『卯』——由驚蟄開始。
三月月支『辰』——由清明開始。
四月月支『巳』——由立夏開始。
五月月支『午』——由芒種開始。
六月月支『未』——由小暑開始。
七月月支『申』——由立秋開始。
八月月支『酉』——由白露開始。
九月月支『戌』——由寒露開始。
十月月支『亥』——由立冬開始。
十一月月支『子』——由大雪開始。
十二月月支『丑』——由小寒開始。

命理上的一月，由立春開始到驚蟄，都是一月。驚蟄以後到清明爲二月，清明以後是三月，以此類推。

※閏年、閏月生的人，也是以『節』爲準來分的。如此便不會錯誤了。

例如：一九八四年（民國七十三年）農曆閏十月生的人，因大雪在十五日辰時，因此在十五日辰時以前生的人爲十月份生的人，月支乙亥。若在十五日辰時以後出生的人，則爲十一月份生的人，月支丙子。

倘若立春在農曆的十二月時又會發生兩種現象：

1.例如西元一九七一年（民國六十年辛亥年）農曆十二月二十一日丑時是立春。二十一日丑時以前出生的人其月支是辛丑。其年柱、月柱的排法如左：

年柱：辛亥

月柱：辛丑

十二月二十一日丑時生的人或丑時以後生的人，其年柱及月柱的排法爲：

年柱：壬子

月柱：壬寅

出生年、月、日、時的換算法

月干亦可由左表簡易求得。例如甲、己年生的人，一月是丙寅，二月是丁卯，三月是戊辰等……，亦可由萬年曆上查抄下來。

月干簡易表：

年干＼月支	甲己	乙庚	丙辛	丁壬	戊癸
寅	丙	戊	庚	壬	甲
卯	丁	己	辛	癸	乙
辰	戊	庚	壬	甲	丙
巳	己	辛	癸	乙	丁
午	庚	壬	甲	丙	戊
未	辛	癸	乙	丁	己
申	壬	甲	丙	戊	庚
酉	癸	乙	丁	己	辛
戌	甲	丙	戊	庚	壬
亥	乙	丁	己	辛	癸
子	丙	戊	庚	壬	甲
丑	丁	己	辛	癸	乙

㈢日柱的排法，可從萬年曆上查出日干支，即可。

㈣時柱的排法：

子時──自晚間十一時至凌晨　一　時止。
丑時──自凌晨　一　時至凌晨　三　時止。
寅時──自凌晨　三　時至清晨　五　時止。
卯時──自清晨　五　時至上午　七　時止。
辰時──自上午　七　時至上午　九　時止。
巳時──自上午　九　時至中午十一時止。
午時──自中午十一時至下午　一　時止。
未時──自下午　一　時至下午　三　時止。
申時──自下午　三　時至下午　五　時止。
酉時──自下午　五　時至晚間　七　時止。
戌時──自晚間　七　時至晚間　九　時止。
亥時──自晚間　九　時至晚間十一時止。

出生年、月、日、時的換算法

時干速求簡易表：

日干＼時支	甲己	乙庚	丙辛	丁壬	戊癸
子	甲	丙	戊	庚	壬
丑	乙	丁	己	辛	癸
寅	丙	戊	庚	壬	甲
卯	丁	己	辛	癸	乙
辰	戊	庚	壬	甲	丙
巳	己	辛	癸	乙	丁
午	庚	壬	甲	丙	戊
未	辛	癸	乙	丁	己
申	壬	甲	丙	戊	庚
酉	癸	乙	丁	己	辛
戌	甲	丙	戊	庚	壬
亥	乙	丁	己	辛	癸

※夜子時與早子時的問題：

夜子時亦稱晚子時，是夜間十二時正以前的時候出生的。也就是夜間十一時至十二時正所出生的人。

早子時是稱夜晚十二時以後出生，亦是第二日清晨零時至一時出生者，稱爲早子時。

命理上仍以中原標準時間二十四時正爲一日的起點及終點。因此，夜子時生的人是前一天生的人，早子時生的人是後一天生的人。

因此在日柱天干方面，夜子時生的人是當日的日柱天干。而早子時生的人則是翌日的日柱天干了。

而時柱天干的求法，則是不論是早子時或夜子時，皆以次日的日柱天干，與子時這個時支來求得時柱天干的。

讀者一定要謹記這個法則，如此就不會發生夜子時生的人用當日日干來排時干，會變成再推前一日的生辰，如此就算不準了。

例如：西曆一九七八年（民國六十七年戊午年）七月初十日十一時三十分生的人，

出生時期、年、月、日、時的換算法

其年柱、月柱、日柱、時柱的排法如左：

年柱：戊午

月柱：庚申

日柱：丁未

時柱：壬子

例如：西曆一九七八（年民國六十七年戊午年年）七月初十日，十二時零三分出生的人，其年柱、月柱、日柱、時柱的排法如左：

年柱：戊午

月柱：庚申

日柱：戊申

時柱：壬子

三 算紫微斗數最重要的三步驟

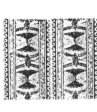

一、找出命宮、身宮所在的位置及命宮天干。

二、找出五行局。

三、找出紫微星所落在的宮位。

如此命宮的主星便會決定，一生的運命方式也呈現出來了。

命宮、身宮的找法

『命宮、身宮』的找法有三種找法：一種是一般命相所用的『歌訣數數法』比較快。

歌訣是：生月起子兩頭通，逆至生時為命宮，順到生時即安身。

例如：你是七月初十日午時生的人，七月月支是申，即以申宮作子，以子、丑、

命宮、身宮的找法

寅、卯……的數法，逆時針方向數到午為七，『子』到『午』共七個數字，即是命宮，因此命宮是落在寅宮。

再以申宮為子，以子、丑、寅、卯……的數法，順時針方向數七到午，即是身宮。因此身宮亦在寅宮。

如圖示：

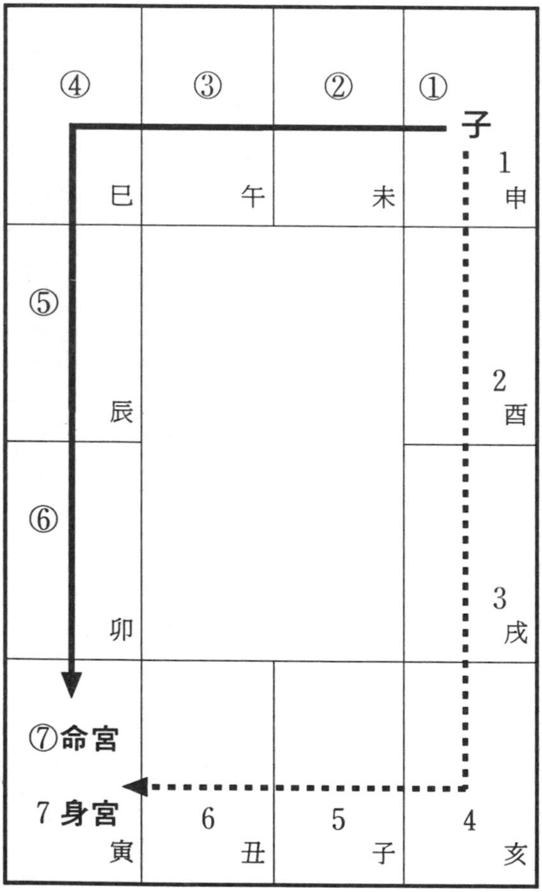

方法二：倘若你是翻書觸電王，你可以在左圖中立即找出你的命宮及身宮來。快！不可浪費時間！

命宮、身宮速求簡易表：

生時	命身＼生月	正月	二月	三月	四月	五月	六月	七月	八月	九月	十月	十一月	十二月
子	命身	寅	卯	辰	巳	午	未	申	酉	戌	亥	子	丑
丑	命	丑	寅	卯	辰	巳	午	未	申	酉	戌	亥	子
	身	卯	辰	巳	午	未	申	酉	戌	亥	子	丑	寅
寅	命	子	丑	寅	卯	辰	巳	午	未	申	酉	戌	亥
	身	辰	巳	午	未	申	酉	戌	亥	子	丑	寅	卯
卯	命	亥	子	丑	寅	卯	辰	巳	午	未	申	酉	戌
	身	巳	午	未	申	酉	戌	亥	子	丑	寅	卯	辰
辰	命	戌	亥	子	丑	寅	卯	辰	巳	午	未	申	酉
	身	午	未	申	酉	戌	亥	子	丑	寅	卯	辰	巳
巳	命	酉	戌	亥	子	丑	寅	卯	辰	巳	午	未	申
	身	未	申	酉	戌	亥	子	丑	寅	卯	辰	巳	午
午	命身	申	酉	戌	亥	子	丑	寅	卯	辰	巳	午	未
未	命	未	申	酉	戌	亥	子	丑	寅	卯	辰	巳	午
	身	酉	戌	亥	子	丑	寅	卯	辰	巳	午	未	申
申	命	午	未	申	酉	戌	亥	子	丑	寅	卯	辰	巳
	身	戌	亥	子	丑	寅	卯	辰	巳	午	未	申	酉
酉	命	巳	午	未	申	酉	戌	亥	子	丑	寅	卯	辰
	身	亥	子	丑	寅	卯	辰	巳	午	未	申	酉	戌
戌	命	辰	巳	午	未	申	酉	戌	亥	子	丑	寅	卯
	身	子	丑	寅	卯	辰	巳	午	未	申	酉	戌	亥
亥	命	卯	辰	巳	午	未	申	酉	戌	亥	子	丑	寅
	身	丑	寅	卯	辰	巳	午	未	申	酉	戌	亥	子

＊請注意，凡閏月生的人，請查萬年曆，以『節』為準，才可得知是算幾月生的人。

方法三：手算法

這是一個隨時隨地都可以演算紫微命盤的方法。也是一個用『手掌』作爲命盤格式的方法。當然！在你熟練之後，命盤格式像是讓你隨時帶在身邊，而且攜帶在腦海裡，非常方便。

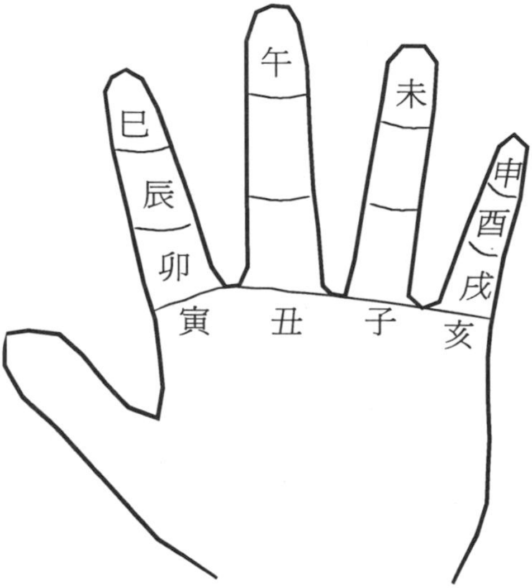

巳	午	未	申
辰			酉
卯			戌
寅	丑	子	亥

舉例：你也可以從寅宮起一月，順時針方向數生月（七月）即七個宮位（在申宮），再逆時方向數生時（午時）即七個宮位，又落在寅宮，寅宮即是命宮。身宮即是以申宮，再順時針方向數七個宮位，也落在寅宮。

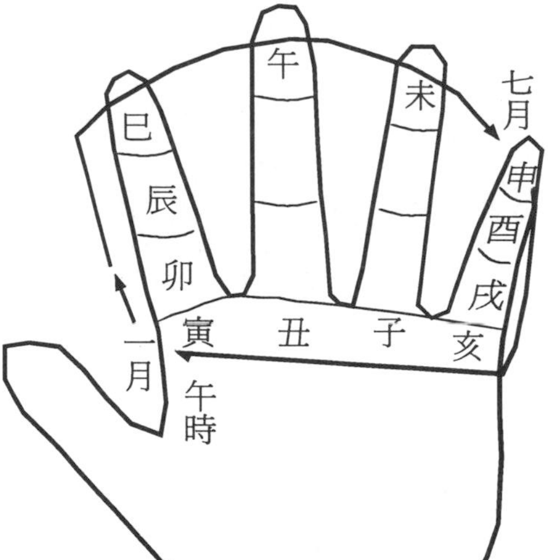

十二宮的排列法

命宮及身宮決定後，十二宮的位置也已然決定了。

從命宮開始，逆時鐘方向，依次序排列為兄弟宮、夫妻宮、子女宮、財帛宮、疾厄宮、遷移宮、僕役宮（朋友宮）、官祿宮（事業宮）、田宅宮、福德宮、父母宮。

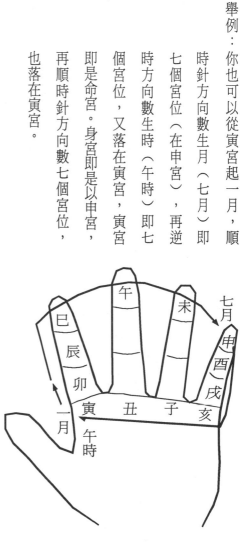

十二宮的排列法

十二宮表：

命宮＼餘宮	兄弟	夫妻	子女	財帛	疾厄	遷移	僕役	官祿	田宅	福德	父母
子	亥	戌	酉	申	未	午	巳	辰	卯	寅	丑
丑	子	亥	戌	酉	申	未	午	巳	辰	卯	寅
寅	丑	子	亥	戌	酉	申	未	午	巳	辰	卯
卯	寅	丑	子	亥	戌	酉	申	未	午	巳	辰
辰	卯	寅	丑	子	亥	戌	酉	申	未	午	巳
巳	辰	卯	寅	丑	子	亥	戌	酉	申	未	午
午	巳	辰	卯	寅	丑	子	亥	戌	酉	申	未
未	午	巳	辰	卯	寅	丑	子	亥	戌	酉	申
申	未	午	巳	辰	卯	寅	丑	子	亥	戌	酉
酉	申	未	午	巳	辰	卯	寅	丑	子	亥	戌
戌	酉	申	未	午	巳	辰	卯	寅	丑	子	亥
亥	戌	酉	申	未	午	巳	辰	卯	寅	丑	子

例如：西元一九七八年（民國六十七年戊午年）七月初十日午時生的男子，
其十二宮的排列法如左圖：

田宅宮 巳	官祿宮 午	僕役宮 未	遷移宮 申
福德宮 辰	丙丁庚戊 午未甲午		疾厄宮 酉
父母宮 卯			財帛宮 戌
命宮 〈身宮〉 寅	兄弟宮 丑	夫妻宮 子	子女宮 亥

定命宮天干

請查表

十二天干表

十二宮地支＼十二宮天干＼本生年干	甲己	乙庚	丙辛	丁壬	戊癸
寅	丙	戊	庚	壬	甲
卯	丁	己	辛	癸	乙
辰	戊	庚	壬	甲	丙
巳	己	辛	癸	乙	丁
午	庚	壬	甲	丙	戊
未	辛	癸	乙	丁	己
申	壬	甲	丙	戊	庚
酉	癸	乙	丁	己	辛
戌	甲	丙	戊	庚	壬
亥	乙	丁	己	辛	癸
子	丙	戊	庚	壬	甲
丑	丁	己	辛	癸	乙

由表中可查出任何一個命盤，從『寅宮』開始的天干爲何？

重點：你只要知道是什麼年生的，查第一排『寅宮』的天干，然後順時針方向將（甲、乙、丙、丁、戊、己、庚、辛、壬、癸）次一字順序填入每一宮的天干之處即可。

例如：甲年及己年生的人，寅宮的天干是『丙』寅、卯宮即爲『丁』卯、辰宮即爲『戊』辰……。

例如：壬年生的人，寅宮天干是『壬』寅，卯宮爲『癸』卯，辰宮爲『甲』辰等等……。

例如：西元一九七八年（民國六十七年戊午年年）七月初十日午時生的男子，其命宮天干是『甲』，如下頁圖所示：

丁巳	戊午	己未	庚申
丙辰	戊午 庚申 丁未 丙午		辛酉
乙卯			壬戌
甲寅	乙丑	甲子	癸亥

五行局的求法

五行局的求出，可知道紫微星座落的位置，及整個命盤的格式。所以非常重要。

五行局包括：水二局、木三局、金四局、土五局、火六局。

快速求出五行局的方法有兩：一種是『查表法』。另一種是『手算法』，也有稱『三跳法』的。

首先看查表法。

五行局的求法

五行局表

本生年干＼命宮	子丑	寅卯	辰巳	午未	申酉	戌亥
甲己	水二局	火六局	木三局	土五局	金四局	火六局
乙庚	火六局	土五局	金四局	木三局	水二局	土五局
丙辛	土五局	木三局	水二局	金四局	火六局	木三局
丁壬	木三局	金四局	火六局	水二局	土五局	金四局
戊癸	金四局	水二局	土五局	火六局	木三局	水二局

例如：西元一九七八年（民國六十七年戊午年）七月初十日午時生的男子，命宮在寅，戊年生的人，其五行局為水二局。

其次看手算法（三跳法）

例如：①命宮的干支是甲寅，就從寅宮起順數甲，還在水二局，五行局為水二局。

②若命宮的干支是戊辰，就從辰宮的部份數起，順數甲乙、丙丁、戊己，剛好落在無名指上的木三局。木三局即是五行局。

※命局的算法，局位是固定的干『支』；每個局位經歷兩個天干，如甲乙、丙丁、戊己、庚辛、壬癸……等等。命宮是辰宮，就以辰（食指處）開始起算甲乙、丙丁、戊己……數到命宮天干戊處（落在無名指上），剛好是木三局。木三局便是此人的五行局。倘若命宮在子，便要從『子』宮的地方來起算甲乙、丙丁……。

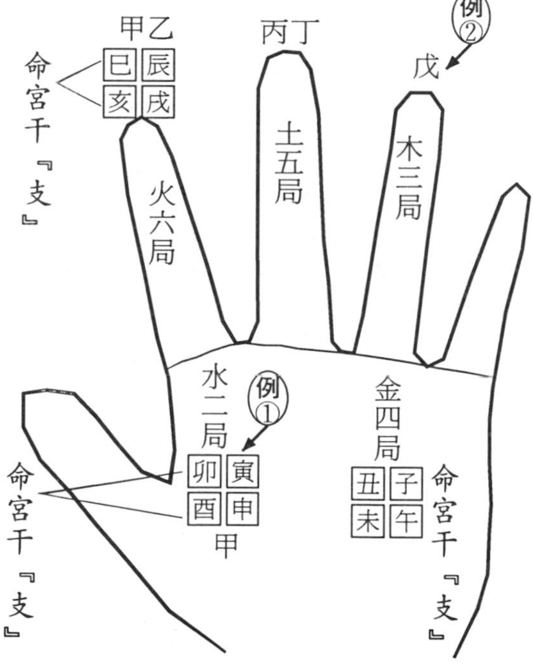

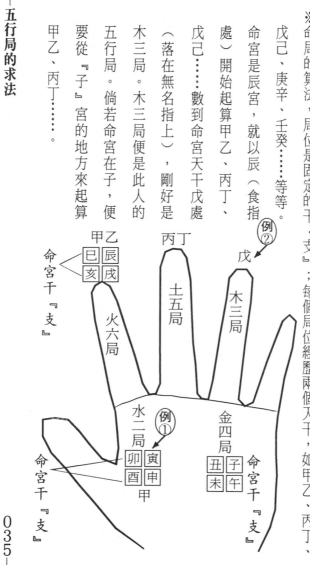

紫微星的求法

紫微星的快速求法有兩種：一種是加減乘除法。一種是查表法，兩種都很好用。

1. 加減乘除法：

重點：以生日的數字，除以五行局的數字，所剩餘的數字，若是單數，即相減，若剩雙數，則相加。再用此數字，從寅宮順時鐘方向起算所在的宮位就是紫微星的位置了。

例如：一九七八年（民國六十七年戊午年）七月初十日午時生的男子。五行局是水二局。以其生日10日與水二局的2相除

$$\begin{array}{r} 5 \\ 2 \overline{)\,10} \\ \underline{10} \\ 0 \end{array}$$

，沒有餘數，從寅起數五個宮位到午宮，紫微星即落在午宮。

例如：二十三日生的人，是金四局，以

$$\begin{array}{r} 6 \\ 4 \overline{)\,23} \\ \underline{24} \\ 1 \end{array}$$

剩單數相減，6減1餘5，從寅宮起順時鐘方向數五個宮，紫微星落在午宮。

重點：除數（五行局數）與商數相乘的數必須大於被除數（生日數）或與其相等，不得小於生日數。

2. 查表法

起紫微星簡易圖表

五行局＼生日	水二局	木三局	金四局	土五局	火六局
初一	丑	辰	亥	午	酉
初二	寅	丑	辰	亥	午
初三	寅	寅	丑	辰	亥
初四	卯	巳	寅	丑	辰
初五	卯	寅	子	寅	丑
初六	辰	卯	巳	未	寅
初七	辰	午	寅	子	戌
初八	巳	卯	卯	巳	未
初九	巳	辰	丑	寅	子
初十	午	未	午	卯	巳
十一	午	辰	卯	申	寅
十二	未	巳	辰	丑	卯
十三	未	申	寅	午	亥
十四	申	巳	未	卯	申
十五	申	午	辰	辰	丑
十六	酉	酉	巳	酉	午
十七	酉	午	卯	寅	卯
十八	戌	未	申	未	辰
十九	戌	戌	巳	辰	子
二十	亥	未	午	巳	酉
廿一	亥	申	辰	戌	寅
廿二	子	亥	酉	卯	未
廿三	子	申	午	申	辰
廿四	丑	酉	未	巳	巳
廿五	丑	子	巳	午	丑
廿六	寅	酉	戌	亥	戌
廿七	寅	戌	未	辰	卯
廿八	卯	丑	申	酉	申
廿九	卯	戌	午	午	巳
三十	辰	亥	亥	未	午

紫微諸星 天府諸星 的排法

紫微諸星的星群包括了天機、太陽、武曲、天同、廉貞五顆星。天府諸星的星群包括了太陰、貪狼、巨門、天相、天梁、七殺、破軍、七顆星曜。

紫微星的位置定了以後，包括天府星在內的十三顆主要的甲級星，就可以排出來了。

快速排列紫微諸星與天府諸星的方法有兩種：一種是以紫微星爲主的『十二種基本命盤』爲準，你可以找到紫微星所在宮位的基本命盤，將命盤中的星曜依其宮位的位置抄錄下來。命盤上命宮主星就會出現了。

另一種方法是記憶法，也就是背誦法，就是將紫微諸星或是天府諸星的星曜次序及位置，記憶在腦海裡，這樣無論到何地、何時，你都可以迅速的排列出諸星的位置出來了。

首先我們來看『十二種紫微基本命盤格式』

①紫微在子

太陰 巳	貪狼 午	天同 巨門 未	武曲 天相 申
廉貞 天府 辰			太陽 天梁 酉
卯			七殺 戌
破軍 寅	丑	紫微 子	天機 亥

②紫微在丑

廉貞 貪狼 巳	巨門 午	天相 未	天同 天梁 申
太陰 辰			武曲 七殺 酉
天府 卯			太陽 戌
寅	紫微 破軍 丑	天機 子	亥

③紫微在寅

巨門 巳	廉貞 天相 午	天梁 未	七殺 申
貪狼 辰			天同 酉
太陰 卯			武曲 戌
紫微 天府 寅	天機 丑	破軍 子	太陽 亥

④紫微在卯

天相 巳	天梁 午	廉貞 七殺 未	申
巨門 辰			酉
紫微 貪狼 卯			天同 戌
天機 太陰 寅	天府 丑	太陽 子	武曲 破軍 亥

⑤紫微在辰

天梁 巳	七殺 午	未	廉貞 申
紫微 天相 辰			酉
天機 巨門 卯			破軍 戌
貪狼 寅	太陽 太陰 丑	武曲 天府 子	天同 亥

⑥紫微在巳

紫微 七殺 巳	午	未	申
天機 天梁 辰			廉貞 破軍 酉
天相 卯			戌
太陽 巨門 寅	武曲 貪狼 丑	天同 太陰 子	天府 亥

⑦紫微在午

天機 巳	紫微 午	未	破軍 申
七殺 辰			酉
太陽 天梁 卯			廉貞 天府 戌
武曲 天相 寅	天同 巨門 丑	貪狼 子	太陰 亥

⑧紫微在未

巳	天機 午	紫微 破軍 未	申
太陽 辰			天府 酉
武曲 七殺 卯			太陰 戌
天同 天梁 寅	天相 丑	巨門 子	廉貞 貪狼 亥

⑨紫微在申

太陽 巳	破軍 午	天機 未	紫微 天府 申
武曲 辰			太陰 酉
天同 卯			貪狼 戌
七殺 寅	天梁 丑	廉貞 天相 子	巨門 亥

⑩紫微在酉

武曲 破軍 巳	太陽 午	天府 未	天機 太陰 申
天同 辰			紫微 貪狼 酉
卯			巨門 戌
寅	廉貞 七殺 丑	天梁 子	天相 亥

⑪紫微在戌

天同 巳	武曲 天府 午	太陽 太陰 未	貪狼 申
破軍 辰			天機 巨門 酉
卯			紫微 天相 戌
廉貞 寅	丑	七殺 子	天梁 亥

⑫紫微在亥

天府 巳	天同 太陰 午	武曲 貪狼 未	太陽 巨門 申
辰			天相 酉
廉貞 破軍 卯			天機 天梁 戌
寅	丑	子	紫微 七殺 亥

第二種方法是記憶法。

紫微諸星的排列法

先得知紫微星坐於何宮之後，紫微諸星的排列是：逆時針方向緊鄰的一宮排天機，再隔一個宮位依序排太陽、武曲、天同。然後再隔二個宮排廉貞星。

左列圖表給你查閱應證。

紫微諸星一覽表

星級	甲				
紫微 \ 諸星	天機	太陽	武曲	天同	廉貞
子	亥	酉	申	未	辰
丑	子	戌	酉	申	巳
寅	丑	亥	戌	酉	午
卯	寅	子	亥	戌	未
辰	卯	丑	子	亥	申
巳	辰	寅	丑	子	酉
午	巳	卯	寅	丑	戌
未	午	辰	卯	寅	亥
申	未	巳	辰	卯	子
酉	申	午	巳	辰	丑
戌	酉	未	午	巳	寅
亥	戌	申	未	午	卯

起天府星

重點：天府星是隨紫微星而移動的，兩星只有在『寅宮』、『申宮』為同宮。紫微在巳宮時、天府在亥宮時，天府星在巳宮時、紫微星在亥宮為相望的狀態。其他的時候，紫微從子宮起，順時針方向移動時，天府星是呈逆時鐘方向移動的，而形成斜角的狀態。由簡易表中即可得知此狀況。

諸星	紫微	天府
星級		甲
	子	辰
	丑	卯
	寅	寅
	卯	丑
	辰	子
	巳	亥
	午	戌
	未	酉
	申	申
	酉	未
	戌	午
	亥	巳

天府諸星的排法

天府星定了以後，順時針方向，依次序將太陰、貪狼、巨門、天相、天梁、七殺填入依次的宮內。再隔三個宮位，填入破軍星。天府諸星便排好了。

天府諸星排法簡易表

星級	甲						
諸星／天府	太陰	貪狼	巨門	天相	天梁	七殺	破軍
子	丑	寅	卯	辰	巳	午	戌
丑	寅	卯	辰	巳	午	未	亥
寅	卯	辰	巳	午	未	申	子
卯	辰	巳	午	未	申	酉	丑
辰	巳	午	未	申	酉	戌	寅
巳	午	未	申	酉	戌	亥	卯
午	未	申	酉	戌	亥	子	辰
未	申	酉	戌	亥	子	丑	巳
申	酉	戌	亥	子	丑	寅	午
酉	戌	亥	子	丑	寅	卯	未
戌	亥	子	丑	寅	卯	辰	申
亥	子	丑	寅	卯	辰	巳	酉

舉例：西元一九七八年（民國六十七年戊午年）農曆七月初十日午時生的男子，其紫微諸星及天府諸星的排法如左圖。

田宅宮 天機 丁巳	官祿宮 紫微 戊午	僕役宮 己未	遷移宮 破軍 庚申
福德宮 七殺 丙辰	陽男 戊午 庚申 丁未 丙午 水二局		疾厄宮 辛酉
父母宮 太陽 天梁 乙卯			財帛宮 廉貞 天府 壬戌
命宮 武曲 天相 〈身宮〉 甲寅	兄弟宮 天同 巨門 乙丑	夫妻宮 貪狼 甲子	子女宮 太陰 癸亥

四　時系星、月系星、日系星干系星的排列

時系諸星的排法

時系諸星包括了文昌、文曲、火星、鈴星、地劫、天空等星時系諸星的排法，以查表較快。

時系諸星表

星級	甲		甲								乙	
本生年支			寅午戌		申子辰		巳酉丑		亥卯未			
諸星／本生時	文昌	文曲	火星	鈴星	火星	鈴星	火星	鈴星	火星	鈴星	地劫	天空
子	戌	辰	丑	卯	寅	戌	卯	戌	酉	戌	亥	亥
丑	酉	巳	寅	辰	卯	亥	辰	亥	戌	亥	子	戌
寅	申	午	卯	巳	辰	子	巳	子	亥	子	丑	酉
卯	未	未	辰	午	巳	丑	午	丑	子	丑	寅	申
辰	午	申	巳	未	午	寅	未	寅	丑	寅	卯	未
巳	巳	酉	午	申	未	卯	申	卯	寅	卯	辰	午
午	辰	戌	未	酉	申	辰	酉	辰	卯	辰	巳	巳
未	卯	亥	申	戌	酉	巳	戌	巳	辰	巳	午	辰
申	寅	子	酉	亥	戌	午	亥	午	巳	午	未	卯
酉	丑	丑	戌	子	亥	未	子	未	午	未	申	寅
戌	子	寅	亥	丑	子	申	丑	申	未	申	酉	丑
亥	亥	卯	子	寅	丑	酉	寅	酉	申	酉	戌	子

舉例：西元一九七八年（民國六十七年戊午年）農曆七月初十日午時生的男子，其文昌、文曲、火星、鈴星、地劫、天空等星的排法如圖：

田宅宮 天機 地劫↑ 天空↑ 丁巳	官祿宮 紫微 戊午	僕役宮 火星↑ 己未	遷移宮 破軍 庚申
福德宮 七殺 文昌↑ 丙辰	陽男 戊午 庚申 丁未 丙午 水二局		疾厄宮 鈴星↑ 辛酉
父母宮 太陽 天梁 乙卯			財帛宮 廉貞 天府 文曲↑ 壬戌
命宮 武曲 天相 〈身宮〉 甲寅	兄弟宮 天同 巨門 乙丑	夫妻宮 貪狼 甲子	子女宮 太陰 癸亥

月系諸星的排法

月系諸星包括了左輔、右弼、天刑、天馬、天姚等星，月系諸星以查表最快。

月系諸星表

星級	甲		乙		
諸星／本生月	左輔	右弼	天刑	天姚	天馬
正月	辰	戌	酉	丑	申
二月	巳	酉	戌	寅	巳
三月	午	申	亥	卯	寅
四月	未	未	子	辰	亥
五月	申	午	丑	巳	申
六月	酉	巳	寅	午	巳
七月	戌	辰	卯	未	寅
八月	亥	卯	辰	申	亥
九月	子	寅	巳	酉	申
十月	丑	丑	午	戌	巳
十一月	寅	子	未	亥	寅
十二月	卯	亥	申	子	亥

舉例：西元一九七八年（民國六十七年戊午年）農曆七月初十日午時生的男子，其左輔、右弼、天刑、天姚、天馬星的排法如圖所示：

田宅宮 天機 地劫 天空 丁巳	官祿宮 紫微 戊午	僕役宮 火星 天姚↑ 己未	遷移宮 破軍 庚申
福德宮 七殺 文昌 右弼↑ 丙辰	陽男 戊午 庚申 丁未 丙午 水二局		疾厄宮 鈴星 辛酉
父母宮 太陽 天梁 天刑↑ 乙卯			財帛宮 廉貞 天府 文曲 左輔↑ 壬戌
命宮 武曲 天相 天馬↑ 〈身宮〉 甲寅	兄弟宮 天同 巨門 乙丑	夫妻宮 貪狼 甲子	子女宮 太陰 癸亥

干系諸星的排法

干系諸星包括了祿存、擎羊、陀羅、天魁、天鉞、化祿、化權、化科、化忌諸星。

干系諸星以查表最快。

星級	甲			甲		甲			
諸星／年干	祿存	擎羊	陀羅	天魁	天鉞	化祿	化權	化科	化忌
甲	寅	卯	丑	丑	未	廉貞	破軍	武曲	太陽
乙	卯	辰	寅	子	申	天機	天梁	紫微	太陰
丙	巳	午	辰	亥	酉	天同	天機	文昌	廉貞
丁	午	未	巳	亥	酉	太陰	天同	天機	巨門
戊	巳	午	辰	丑	未	貪狼	太陰	右弼	天機
己	午	未	巳	子	申	武曲	貪狼	天梁	文曲
庚	申	酉	未	丑	未	太陽	武曲	天同	太陰
辛	酉	戌	申	午	寅	巨門	太陽	文曲	文昌
壬	亥	子	戌	卯	巳	天梁	紫微	左輔	武曲
癸	子	丑	亥	卯	巳	破軍	巨門	太陰	貪狼

舉例：西元一九七八年（民國六十七年戊午年）農曆七月初十日午時生的男子，其祿存、擎羊、陀羅、天魁、天鉞、化祿、化權、化科、化忌諸星的排法，如圖所示：

田宅宮 天機化忌 地劫 天空 祿存↑ 丁巳	官祿宮 紫微 擎羊↑ 戊午	僕役宮 火星 天姚 天鉞↑ 己未	遷移宮 破軍 庚申
福德宮 七殺 文昌 右弼化科 陀羅↑ 丙辰	陽男 戊午 庚申 丁未 丙午 水二局		疾厄宮 鈴星 辛酉
父母宮 太陽 天梁 天刑 乙卯			財帛宮 廉貞 天府 文曲 左輔 壬戌
命宮 武曲 天相 天馬 〈身宮〉 甲寅	兄弟宮 天同 巨門 天魁↑ 乙丑	夫妻宮 貪狼化祿↑ 甲子	子女宮 太陰化權↑ 癸亥

支系諸星的排法

支系諸星有很多，但都是乙級星，這裡只排紅鸞、天喜、孤辰、寡宿、天才、天壽等六顆星。紅鸞用在斷定結婚年齡。天喜帶來喜訊。孤辰不喜落父母、子女宮，寡宿不喜落夫妻宮，恐有孤寡之嫌。天才在命宮、智商極高。天壽在命宮、福德宮長壽。

支系諸星以查表最快。

支系諸星表：

星級	乙		乙		乙	
本生年支＼諸星	紅鸞	天喜	孤辰	寡宿	天才	天壽
子	卯	酉	寅	戌	命宮	由身宮起子順行，數至本生年支，即安天壽星。
丑	寅	申	寅	戌	父母	
寅	丑	未	巳	丑	福德	
卯	子	午	巳	丑	田宅	
辰	亥	巳	巳	丑	官祿	
巳	戌	辰	申	辰	僕役	
午	酉	卯	申	辰	遷移	
未	申	寅	申	辰	疾厄	
申	未	丑	亥	未	財帛	
酉	午	子	亥	未	子女	
戌	巳	亥	亥	未	夫妻	
亥	辰	戌	寅	戌	兄弟	

舉例：西元一九七八年（民國六十七年戊午年）農曆七月初十日午時生的男子，其紅鸞、天喜、孤辰、寡宿、天才、天壽的排法，如圖所示：

田宅宮 天機化忌 地劫 天空 祿存 丁巳	官祿宮 紫微 擎羊 戊午	僕役宮 火星 天姚 天鉞 己未	遷移宮 破軍 孤辰↑ 天才↑ 天壽↑ 庚申
福德宮 七殺 文昌 右弼化科 陀羅 寡宿↑ 丙辰	陽男 戊午 庚申 丁未 丙午 水二局		疾厄宮 鈴星 紅鸞↑ 辛酉
父母宮 太陽 天梁 天刑 天喜↑ 乙卯			財帛宮 廉貞 天府 文曲 左輔 壬戌
命宮 武曲 天相 天馬 〈身宮〉 甲寅	兄弟宮 天同 巨門 天魁 乙丑	夫妻宮 貪狼化祿 甲子	子女宮 太陰化權 癸亥

五　截空、旬空、命主、身主的排列

截空的排法

由簡易表中可查出：

截空簡易表

本生年干＼星名	截空
星級	丙
甲	申
己	酉
乙	午
庚	未
丙	辰
辛	巳
丁	寅
壬	卯
戊	子
癸	丑

旬空的排法

重點：按照本生年的干支來排，若是陽干（甲、丙、戊、庚、壬年生的人爲陽干）安陽位（子、寅、辰、午、申、戌等宮位）。若是陰干（乙、丁、己、辛、癸年生的人爲陰干）安陰位（丑、卯、巳、未、酉、亥等宮位）。

年干＼年支（旬空位置）	戌亥	申酉	午未	辰巳	寅卯	子丑
甲	子	戌	申	午	辰	寅
乙	丑	亥	酉	未	巳	卯
丙	寅	子	戌	申	午	辰
丁	卯	丑	亥	酉	未	巳
戊	辰	寅	子	戌	申	午
己	巳	卯	丑	亥	酉	未
庚	午	辰	寅	子	戌	申
辛	未	巳	卯	丑	亥	酉
壬	申	午	辰	寅	子	戌
癸	酉	未	巳	卯	丑	亥

舉例：西元一九七八年（民國六十七年戊午年）農曆七月初十日午時生的男子，

因戊午年年是陽干，查表旬空應排在子宮。

旬空的排法

其截空、旬空的排法如圖所示：

<table>
<tr><td>田宅宮
天機化忌 地劫 天空 祿存
丁巳</td><td>官祿宮
紫微 擎羊
戊午</td><td>僕役宮
火星 天姚 天鉞
己未</td><td>遷移宮
破軍 孤辰 天才 天壽
庚申</td></tr>
<tr><td>福德宮
七殺 文昌 右弼化科 陀羅 寡宿
丙辰</td><td colspan="2" rowspan="2">陽男
戊午 庚申 丁未 丙午
水二局</td><td>疾厄宮
鈴星 紅鸞
辛酉</td></tr>
<tr><td>父母宮
太陽 天梁 天刑 天喜
乙卯</td><td>財帛宮
廉貞 天府 文曲 左輔
壬戌</td></tr>
<tr><td>命宮
武曲 天相 天馬
〈身宮〉
甲寅</td><td>兄弟宮
天同 巨門 天魁
乙丑</td><td>夫妻宮
貪狼化祿 截空↑ 旬空↑
甲子</td><td>子女宮
太陰化權
癸亥</td></tr>
</table>

命主的排法

由簡易表中可查出。（舉例在六十頁）

命宮＼星名	命主
子	貪狼
丑	巨門
寅	祿存
卯	文曲
辰	廉貞
巳	武曲
午	破軍
未	武曲
申	廉貞
酉	文曲
戌	祿存
亥	巨門

身主的排法

由簡易表中可查出。（舉例在六十頁）

本生年支＼星名	身主
子	火星
丑	天相
寅	天梁
卯	天同
辰	文昌
巳	天機
午	火星
未	天相
申	天梁
酉	天同
戌	文昌
亥	天機

六　大限及小限的排列

大限的排法

由簡易表中可查出。大限管十年的吉凶（大限即大運）。

※陽男：甲、丙、戊、庚、壬年生的男子稱為陽男。

陽女：甲、丙、戊、庚、壬年生的女子稱為陽女。

陰男：乙、丁、己、辛、癸年生的男子稱為陰男。

陰女：乙、丁、己、辛、癸年生的女子稱為陰女。

大限簡易表：

五行局	生年 ╲ 大限宮	命宮	兄弟	夫妻	子女	財帛	疾厄	遷移	僕役	官祿	田宅	福德	父母
水二局	陽男 陰女	2—11	112—121	102—111	92—101	82—91	72—81	62—71	52—61	42—51	32—41	22—31	12—21
水二局	陰男 陽女	2—11	12—21	22—31	32—41	42—51	52—61	62—71	72—81	82—91	92—101	102—111	112—121
木三局	陽男 陰女	3—12	113—122	103—112	93—102	83—92	73—82	63—72	53—62	43—52	33—42	23—32	13—22
木三局	陰男 陽女	3—12	13—22	23—32	33—42	43—52	53—62	63—72	73—82	83—92	93—102	103—112	113—122
金四局	陽男 陰女	4—13	114—123	104—113	94—103	84—93	74—83	64—73	54—63	44—53	34—43	24—33	14—23
金四局	陰男 陽女	4—13	14—23	24—33	34—43	44—53	54—63	64—73	74—83	84—93	94—103	104—113	114—123
土五局	陽男 陰女	5—14	115—124	105—114	95—104	85—94	75—84	65—74	55—64	45—54	35—44	25—34	15—24
土五局	陰男 陽女	5—14	15—24	25—34	35—44	45—54	55—64	65—74	75—84	85—94	95—104	105—114	115—124
火六局	陽男 陰女	6—15	116—125	106—115	96—105	86—95	76—85	66—75	56—65	46—55	36—45	26—35	16—25
火六局	陰男 陽女	6—15	16—25	26—35	36—45	46—55	56—65	66—75	76—85	86—95	96—105	106—115	116—125

大限的排法

舉例：大限的排法，命主、身主的排法。

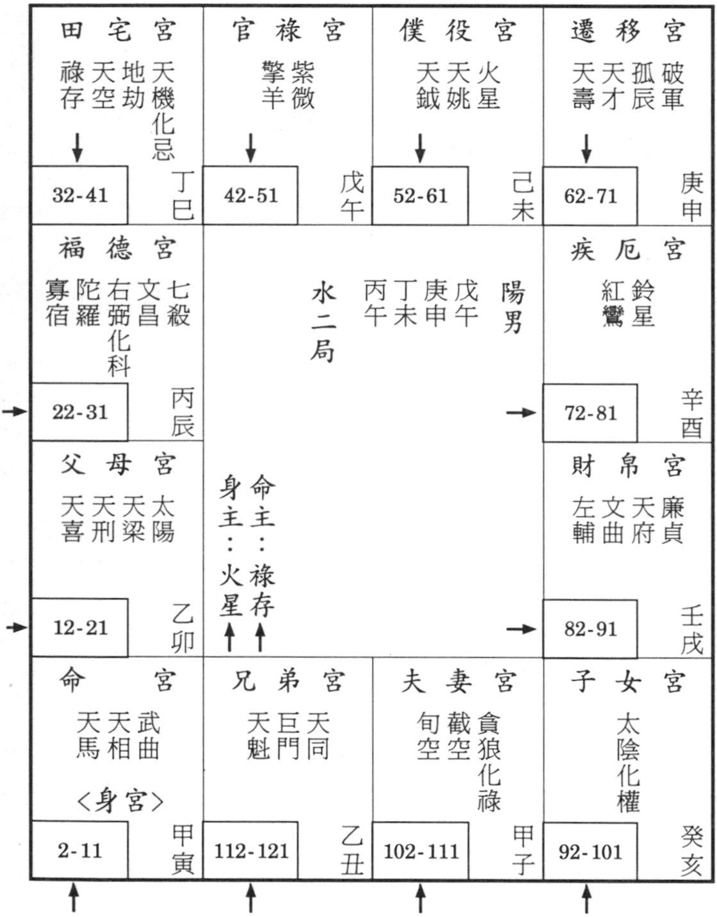

小限的排法

由簡易表中可查出。小限管一年的吉凶。

小限簡易表：

小限之歲										寅午戌 男	寅午戌 女	申子辰 男	申子辰 女	巳酉丑 男	巳酉丑 女	亥卯未 男	亥卯未 女
一	一三	二五	三七	四九	六一	七三	八五	九七	一〇九	辰	辰	戌	戌	未	未	丑	丑
二	一四	二六	三八	五〇	六二	七四	八六	九八	一一〇	巳	卯	亥	酉	申	午	寅	子
三	一五	二七	三九	五一	六三	七五	八七	九九	一一一	午	寅	子	申	酉	巳	卯	亥
四	一六	二八	四〇	五二	六四	七六	八八	一〇〇	一一二	未	丑	丑	未	戌	辰	辰	戌
五	一七	二九	四一	五三	六五	七七	八九	一〇一	一一三	申	子	寅	午	亥	卯	巳	酉
六	一八	三〇	四二	五四	六六	七八	九〇	一〇二	一一四	酉	亥	卯	巳	子	寅	午	申
七	一九	三一	四三	五五	六七	七九	九一	一〇三	一一五	戌	戌	辰	辰	丑	丑	未	未
八	二〇	三二	四四	五六	六八	八〇	九二	一〇四	一一六	亥	酉	巳	卯	寅	子	申	午
九	二一	三三	四五	五七	六九	八一	九三	一〇五	一一七	子	申	午	寅	卯	亥	酉	巳
一〇	二二	三四	四六	五八	七〇	八二	九四	一〇六	一一八	丑	未	未	丑	辰	戌	戌	辰
一一	二三	三五	四七	五九	七一	八三	九五	一〇七	一一九	寅	午	申	子	巳	酉	亥	卯
一二	二四	三六	四八	六〇	七二	八四	九六	一〇八	一二〇	卯	巳	酉	亥	午	申	子	寅

（小限值宮；本生年支）

小限的排法

舉例：小限的排法。

<table>
<tr>
<td>田宅宮
天機化忌 地劫 天空 祿存
2, 14, 26, 38, 50
62, 74, 86, 98
32-41
丁巳</td>
<td>官祿宮
紫微 擎羊
3, 15, 27, 39
51, 63, 75, 87
42-51
戊午</td>
<td>僕役宮
火星 天姚 天鉞
4, 16, 28, 40
52, 64, 76, 88
52-61
己未</td>
<td>遷移宮
破軍 孤辰 天才 天壽
5, 17, 29, 41,
53, 66, 77, 89
62-71
庚申</td>
</tr>
<tr>
<td>福德宮
七殺 文昌 右弼化科 陀羅 寡宿
1, 13, 25
37, 49, 61
73, 85, 97
22-31
丙辰</td>
<td colspan="2" rowspan="2">陽男
戊午
庚申
丁未
丙午
水二局

命主：祿存
身主：火星</td>
<td>疾厄宮
鈴星 紅鸞
6, 18, 30, 42
54, 67, 78, 90
72-81
辛酉</td>
</tr>
<tr>
<td>父母宮
太陽 天梁 天刑 天喜
12, 24, 36, 48
60, 73, 84, 96
12-21
乙卯</td>
<td>財帛宮
廉貞 天府 文曲 左輔
7, 19, 31, 43
55, 68, 79, 91
82-91
壬戌</td>
</tr>
<tr>
<td>命宮
武曲 天相 天馬
11, 23, 35, 47
59, 72, 83, 95
〈身宮〉
2-11
甲寅</td>
<td>兄弟宮
天同 巨門 天魁
10, 22, 34, 46
58, 71, 82, 94
112-121
乙丑</td>
<td>夫妻宮
貪狼化祿 截空 旬空
9, 21, 33, 45
57, 70, 81, 93
102-111
甲子</td>
<td>子女宮
太陰化權
8, 20, 32, 44
56, 69, 80, 92
92-101
癸亥</td>
</tr>
</table>

七 諸星旺度表

諸星在十二宮之旺度表

十二宮＼旺度	廟	旺	得地	平	陷
子	天機、天府、太陰、天相、天梁、破軍、祿存	武曲、天同、貪狼、巨門、七殺	文昌、文曲	紫微、廉貞	太陽、擎羊、火星、鈴星
丑	紫微、武曲、天府、太陰、貪狼、天相、七殺、文昌、文曲、擎羊、陀羅	天梁、破軍	火星、鈴星	廉貞	太陽、天同、巨門、天機
寅	廉貞、天府、巨門、天相、天梁、七殺、祿存、火星、鈴星	紫微、太陽、太陰	天機、武曲、破軍	天同、貪狼、文曲	文昌、陀羅
卯	太陽、巨門、天梁、祿存	紫微、天機、七殺、文曲	天府	武曲、貪狼、文昌、火星、鈴星、天同、廉貞	太陰、天相、破軍、擎羊
辰	武曲、天府、貪狼、天梁、七殺、擎羊、陀羅	太陽、破軍	紫微、天相、文昌、文曲	天機、廉貞、天同	太陰、巨門、火星、鈴星
巳	天同、文昌、文曲、祿存	紫微、太陽、巨門	天府、天相、火星、鈴星	天機、武曲、七殺、破軍	廉貞、太陰、貪狼、天梁、陀羅
午	紫微、天機、天相、天梁、破軍、祿存、火星、鈴星	太陽、武曲、天府、貪狼、巨門、七殺		廉貞、太陰	天同、文昌、文曲、擎羊
未	紫微、武曲、天府、貪狼、七殺、擎羊、陀羅	天梁、破軍、文曲	太陽、天相	廉貞、文昌、火星、鈴星	天同、太陰、巨門、天機
申	廉貞、巨門、天相、七殺、祿存	紫微、天同	天機、太陽、武曲、天府、破軍、文昌、文曲	太陰、貪狼	天梁、陀羅、火星、鈴星
酉	巨門、文昌、文曲、祿存	紫微、天機、天府、太陰、七殺	天梁、火星、鈴星	武曲、貪狼、太陽、天同、廉貞	天相、破軍、擎羊
戌	武曲、天府、貪狼、天梁、七殺、擎羊、陀羅、火星、鈴星	太陰、破軍	紫微、天相	天機、廉貞、天同	太陽、巨門、文昌、文曲
亥	天同、太陰、祿存	紫微、巨門、文曲	天府、天相	文昌、火星、鈴星、天機、七殺、武曲、破軍	太陽、廉貞、貪狼、天梁、陀羅

諸星在十二宮之旺度表

將星的旺度可標在命盤中各甲級星上，便於識別。

舉例如圖示：

田宅宮 天機化忌(平) 地劫 天空 祿存(廟) 2, 14, 26, 38, 50 62, 74, 86, 98 丁巳 32-41	官祿宮 紫微(廟) 擎羊(陷) 3, 15, 27, 39 51, 63, 75, 87 戊午 42-51	僕役宮 火星(平) 天姚 天鉞 4, 16, 28, 40 52, 64, 76, 88 己未 52-61	遷移宮 破軍(得地) 孤辰 天才 天壽 5, 17, 29, 41, 53, 66, 77, 89 庚申 62-71
福德宮 七殺(廟) 文昌(得地) 右弼化科 陀羅(廟) 寡宿 1, 13 25, 37, 49 61, 73, 85, 97 丙辰 22-31	陽男 戊午 庚申 丁未 丙午 水二局		疾厄宮 鈴星(得地) 紅鸞 6, 18, 30, 42 54, 67, 78, 90 辛酉 72-81
父母宮 太陽(廟) 天梁(廟) 天刑 天喜 12, 24, 36, 48 60, 73, 84, 96 乙卯 12-21	命主：祿存 身主：火星		財帛宮 廉貞(平) 天府(廟) 文曲(陷) 左輔 7, 19, 31, 43 55, 68, 79, 91 壬戌 82-91
命宮 武曲(得地) 天相(廟) 天馬 11, 23, 35, 47 59, 72, 83, 95 甲寅 2-11	兄弟宮 天同(陷) 巨門(陷) 天魁 10, 22, 34, 46 58, 71, 82, 94 乙丑 112-121	夫妻宮 貪狼化祿(旺) 截空 旬空 9, 21, 33, 45 57, 70, 81, 93 甲子 102-111	子女宮 太陰化權(廟) 8, 20, 32, 44 56, 69, 80, 92 癸亥 92-101

至此，命盤排列成功！
我們將進入命理解析的工作！

八 命理解說

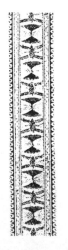

紫微斗數常用的名詞解析

1. 坐　命：有主星（甲級星）在命宮中，稱之爲坐命。例如命宮中有紫微星，我們稱之爲『紫微坐命』。

2. 照　命：有主星（甲級星）在命宮的對宮或四方及三合處，我們稱之爲照命。

3. 空　宮：十二宮中任何一宮，若無主星（甲級星）入宮，即爲空宮。

4. 獨坐（單守）：十二宮中任何一宮，若只有一顆主星（甲級星）入宮，稱爲獨坐，亦稱單守。

5. 正　曜：即正星，有紫微、天機、太陽、武曲、天府、太陰、天相、天同、天梁、廉貞、貪狼、巨門、七殺、破軍、左輔、右弼、祿存、文昌、文曲，共十九顆星，都爲甲級星，稱之爲正曜。

6.偏　曜：有擎羊、陀羅、火星、鈴星、天魁、天鉞，共有六顆星，也都爲甲級星，稱爲偏曜。

7.雜　曜：除了甲級星以外，還有八十一顆星，都爲乙、丙、丁、戊級星，皆稱雜曜。

8.暗　曜：巨門星主是非暗昧，化氣爲暗，故稱暗曜，又名隔角煞。

9.耗　星：破軍星化氣爲耗，在數爲殺氣，是掌管夫妻、子息、奴僕之星宿，故稱之耗星。亦主花費、耗敗。流年、流月遇到，花錢、浪費耗財很多。

10.囚　星：廉貞星主管官職與權令，化氣爲囚，故稱囚星。若囚星與多位煞星同宮，主橫死。平常流年、大限走到，又逢絕地，或有白虎、貫索星同宮，有官非訟事及牢獄之災。

11.祿　星：指祿存及化祿二星。

12.煞　星：亦即殺星，指七殺、破軍、擎羊、陀羅、火星、鈴星亦稱六煞。

13.六吉星：指文昌、文曲、左輔、右弼、天魁、天鉞六顆星。

三分鐘算出紫微斗數

紫微斗數常用的名詞解析

14.財　星：指天府、武曲、太陰、祿存、化祿等帶財之星。

15.輔　星：指左輔、右弼等輔助之星。

16.化　星：指化權、化祿、化科、化忌等四顆星。

17.桃花星：指廉貞、貪狼、天姚、沐浴、咸池、紅鸞等星。

18.祿貴權科：指祿存、化祿、天魁、天鉞、化權、化科等星。

19.對　宮：十二宮中任何一宮，隔六個宮位之宮位爲對宮，如命宮與遷移宮互爲對宮。兄弟宮與僕役宮爲對宮……以此類推。

20.照　會：十二宮中任何一宮，若有主星在對宮或四方及三合處爲照應的，即爲照會。

21.四　方：即是本方、對方、合方、隣方，合稱四方。又相隔二個宮位，形成十字形對照的狀況，亦稱四方。

22.三　合：即每隔三個宮位，形成三角鼎立狀態照會的狀況稱三合。亦稱合方。

23.本　方：十二宮中任何一宮，皆可稱本方或本宮。如看命宮，命宮即爲本宮或本方。如看兄弟宮，兄弟宮即爲本方或本宮。

24. 對　方：本宮或本方隔六個宮位，爲對方，與對宮同義。

25. 四　吉：即祿、貴、權、科諸星，合稱四吉。

26. 四　殺：即擎羊、陀羅、火星、鈴星合稱四殺。亦爲四凶。

27. 拱　照：十二宮中任何一宮，在四方三合處有甲級星，即相拱、相照，稱拱照。

28. 沖　照：十二宮中任何一宮，其對宮有凶星的狀態，稱爲沖照。

29. 互　沖：與沖照的狀態一樣。相互對宮中皆有凶星，稱爲互沖。

30. 相　夾：任何一宮位，皆爲其前後相鄰的兩宮位相夾。若前後兩宮位中之星爲吉星又稱爲相輔。

31. 同　度：任何一宮位中有主星，其對宮中亦有主星，兩主星之間的關係稱爲同度。或是同宮的星亦是。此爲同在一角度的意思。

32. 六親宮：命盤中之十二宮統稱六親宮。

33. 地　盤：指十二宮而言，即是子宮、丑宮、寅宮……等十二地盤。

34. 四正宮：即指子、午、卯、酉四宮，稱之四正宮。

35. 四生宮：指寅、申、巳、亥四個宮。

紫微斗數常用的名詞解析

36.四馬地：指寅、申、巳、亥四個宮，較奔馳勞碌，故稱四馬地。

37.四敗地：指子、午、卯、酉四個宮，是沐浴星所在的地方，亦稱桃花地。

38.四墓地：指丑、未、辰、戌四個宮，亦稱四庫地。

39.四　刑：指丑、未、辰、戌四個宮。若命宮在此四宮，再有巨門、破軍、七殺、羊、陀、火、鈴等星坐命，對於六親刑尅嚴重，故稱四刑。

40.刑　尅：命盤各宮中有煞星及刑星，對主星或吉星的福力形成傷害或阻撓時，稱之為刑尅。與親屬的關係不和睦時，亦稱刑剋。

41.劫　煞：劫星與煞星的合稱。又遇武曲財星與七殺星同宮時，會造成『因財被劫』的困擾，即為劫煞。

42.因財被劫：當財星造財的福力，被煞星阻礙，而形成不進財與破財的狀況時，稱之為『因財被劫』。『因財被劫』會影響財力與緣份。

43.空　星：指天空星。

44.羊　刃：指擎羊星。

45.陷　地：星曜居陷落的位置時稱陷地。

46.旺　地：星曜居廟位與旺位的位置時稱旺地。

47. 活　盤：我們在觀看命盤時，可將命盤轉動。若要觀看事業之順遂吉凶，即以官祿宮為事業之命宮，以其他的宮為輔宮。其對宮夫妻宮即為事業宮之遷移宮，看其對外的關係為何。再看四化星位於事業命宮的何方宮位，以此斷吉凶。以此類推，此即為活盤。

48. 流　年：以當年的運氣為主，當年即稱為流年。例如寅年時，稱寅宮為流年命宮，以寅宮中的星曜為流年運氣。

49. 流　月：以當月的運氣為主，當月即稱為流月。

流月的算法：由流年命宮逆算自己的生月，再利用自己的生時，從生月處順數回來的那個宮，就是你該年的一月（正月）。

舉例：某人是生在五月寅時。辰年時正月在寅月（從辰宮逆數五個宮，再順數三個宮就是正月）

＊幾月生就逆數幾個宮，幾時生就順數幾個宮，就是該年流月的正月，再順時針方向算2月、3月……

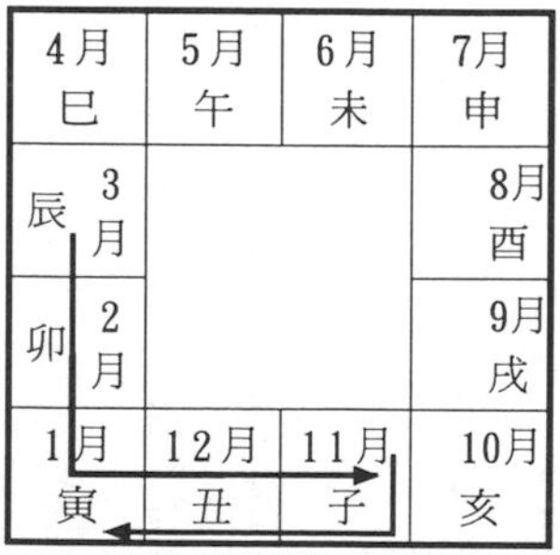

50.大　限：大限管十年的運勢。大限即大運。觀看大限，多以四化星為主，若有化權、化祿、化科在大限內，主有十年好運。若大限內遇化忌星則不吉要小心。大限好，流年主星也是吉星居旺，是正走旺運。大限好，流年主星不旺或逢煞星，運氣也不會太差。大限不好，流年又逢煞星，行運正逢低潮，要處處小心，以防官非、血光、是非糾纏。

51.小　限：小限管一年的運氣。先要知道小限所在宮位的年齡，再看流年命宮所遇之星曜為吉、凶、旺、陷?如此可斷定這一年歲之一年中的運氣好壞了。

52.行　限：運氣運行所到之處在那一年，謂之行限。

紫微命盤十二宮告訴我們什麼資訊

一、命宮的看法

我們可以從命宮中看到一個人的長相、身高、胖瘦、思想的模式、個性的強弱、固執或溫和。個性會影響人一生的命運，個性會造成處理事情的態度問題，是火爆？是剛直？是婉轉？是推拖拉？還是雙重個性？這種種的狀況會造成人生命中，在命運轉折點上是推進力？還是阻力？因此也影響人一生的成就。

從命宮中也可看出其可能從事的行業，並且可看出這個人的速度感與人生運程中的動態感覺。

例如說，七殺、破軍、貪狼坐命的人，一生運程較動盪，起伏較大，其本人也是好動型的人，在家待不住，喜往外跑。思想上、情緒也是變化較快的人。往往一方面在做一件事，腦子又想到別件事去了，於是興趣便轉向新的事務。對於先前所做的事情便虎頭蛇尾了。

二、兄弟宮的看法

兄弟宮是看你與兄弟宮姐妹之間的關係，也可以看你與同輩人之間的關係，也可以看你與同事間的關係，更可以看你與生意上的合夥人之間的關係。結拜的兄弟關係，亦可以由兄弟宮中看出。

兄弟宮中可以看到你兄弟的長相、個性與大致從事的職業。

兄弟宮是你在感情上所進出的橋樑，你對待人的方式，以及你接收他人感情的方式，都會在兄弟宮中展現出來。因此兄弟宮中吉星多的人，你是非常受同輩人喜愛的人，朋友多，而且對你很好，你也對人有情有義。

兄弟宮因和僕役宮是對照的，故而在你做事業時，兄弟宮中吉星多，在你用人或和與部屬之間的相處也會融洽，在事業上會得到很大的輔助力量。

三、夫妻宮的看法

夫妻宮可看出你與配偶相處時的狀況，婚姻是否美滿？感情是否深厚？配偶是否對你的人生有助力？例如夫妻宮有太陰的人，多獲有妻財，或娶多財之妻。夫妻宮有廉貪或破軍的人，有多次婚姻的紀錄，或是會嫁娶離過婚的人。

夫妻宮有左輔、右弼星的人，雖然配偶身材嬌小、個性溫和、小鳥依人、感情不錯，又是個賢內助，但是會有感情慢慢變冷淡，依然會有多次婚姻的問題。在婚姻的問題上，不管人們結多少次婚，他們所選擇的對象，縱然面貌不同，身材、體型及個性依然是相同的，這也是非常有趣的事情。

夫妻宮也可看出配偶的相貌、高矮、個性與所從事的事業。從夫妻宮中就可以了解到你所喜歡的人是那類型的人。倘若你尚未結婚，從夫妻宮中就可預知你今後要嫁娶之配偶的長相、體態及個性，聽起來很玄，卻非常靈驗。你一定要仔細的推敲與印證。

四、子女宮的看法

子女宮可看出你與子女之間感情深淺的關係，也可看出子女間相處的狀況。子女大致的人數（自然數）、個性、相貌、才能以及將來可能從事的職業與成就，都可從子女宮中看得出來。

子女宮為我生我洩，故也可看出你個人才華的表現。子女宮因和田宅宮相對照，對於鞏固家財方面，也是佔有決定性的影響的。子女宮不好的人，家宅不寧，田宅宮（財庫）也保不住了。

子女宮也是看男人性能力的宮位，倘若夫妻宮好，而子女宮煞星多的人，夫妻間的感情，是屬於精神層面的愛情。雖然感情仍是不錯，但彼此心中仍有許多隱憂困擾，長久的累積，流年不好時也有離婚的可能。

子女宮有天空、地劫或是兩星相對照的人，生兒子較困難。往往到處求子，或執著的要生兒子的人，都是命盤中有這個現象的人。羊陀、火鈴獨坐居陷或加煞，都是孤單無子的人，我們在一些孤苦無依的老人命盤中，會發現這個現象。

子女宮也可看出日後子女對你奉養的情形。若有殺耗之星及暗曜（巨門），再加煞星，有子若無，是得不到奉養的。在無依的老人中，有些是子女成就很好，卻被子女拋棄的，就是這種格局的子女宮了。

五、財帛宮的看法

財帛宮當然是看財運的宮位，但是這也是有分別的。財帛宮所展現出來的財運，是你手邊流動的可用資金之多寡，這跟真正家財萬貫具有富豪之資是有距離的。

財帛宮好（有財星居旺）的人，手邊富裕，但不一定是真正有錢的人，真正的財富要觀看田宅宮（財庫）與福德宮（是否享受得到）而定。財帛宮、田宅宮、福德宮，三個宮有一個宮破了，都是不美的事情。

我們可以看到有許多公教人員的命盤中，財帛宮很好有祿星入座，但是田宅宮與福德宮卻很平常，因此正常領薪俸的職業便很適合他。

有一些人財帛宮居陷地，但是田宅宮財星居旺，他們是有田產及房地產卻沒有現金可花用的人，這種狀況在一些農民、茶農的命盤中可發現，他們要等到老一點的時候才有錢。

也有人財帛宮不好，福德宮卻是天府祿庫星的，這種人要去賺錢很辛苦，賺不到什麼錢，但是有可以享受財富的福氣。這種命盤通常在一些丈夫事業發達的妻子身上可以看到。倘若是男子，便是一個不愛工作，只愛享用的紈絝子弟了。

所以財帛宮是個也可以看出你賺錢方式（職業）與花錢的方式，以及錢財留不留得住的地方。

六、疾厄宮的看法

疾厄宮是看人一生健康的問題。吉星居旺，一生沒什麼大病災，小病災也能平安度過，快速的好起來。

從疾厄宮中也能看出人是否有宿疾，或是可能會患什麼病症。像是太陽陷落時會有目疾。天同、巨門同宮會有耳疾、心臟、血壓、神經系統的毛病。廉貞入疾厄有皮膚病、長瘡或腰足之災等等。

疾厄宮中的星曜也能顯示出是否會受傷及殘疾的問題。如羊陀入疾厄宮，會年幼多災、頭面、口齒有傷，但可延壽。像廉殺或廉破、武殺加羊陀、火鈴入疾厄宮，會有手足傷殘的現象。這些不得不防。

流年的疾厄宮與正盤的疾厄宮相照來看，就可推算出得病受災的年月時日了。

七、遷移宮的看法

遷移宮主要是看我們所處之外界環境。通常我們離家外出，外面的世界是我們的遷移宮。倘若我們去做事，做事的地方和我們要奔走的所在都是我們的遷移宮。倘若去上學，學校就是我們的遷移宮。若是以個人『我』做本位，家中的環境裡和以其他人的關係都是屬於遷移宮的範圍裡了。

遷移宮裡有吉星的人，一生都多遇貴人，生活很舒適。尤其是遷移宮裡有紫微星的人，一生在外受尊重、很少會遇到讓他難堪的境遇。遷移宮裡有天梁星或是左輔、右弼等貴人星的人，一生都受人扶持幫助。這和命宮裡有紫微星及天梁星的人是有同等的好境遇的。

遷移宮更可顯示出環境動態的狀況，倘若遷移宮中的星曜是七殺、破軍、貪狼等動感十足的星曜。你外在的環境變化是很快速的。而且對你一生運勢的影響也極大，是屬於起伏較大的一種情勢。

遷移宮還可看出你與外界和周遭人物的人際關係。這屬於個人的社會才能。倘若你要競選民意代表，遷移宮中煞星多而陷落的人，在競選時辛苦不說，也得不到什麼好結果。因此遷移宮不好的人，人緣關係也是極差的。想要升官發財比別人辛苦十倍。

八、僕役宮的看法

僕役宮是看自己與朋友或同事間的關係，是屬於一種平輩的關係。僕役宮也可看部屬下輩（為自己所用之人）的關係。

僕役宮好的人，在用人方面非常得心應手。甚至你有事去拜託一位從不熟識的人，都可得到幫助。因此做老闆和主管階級的人，僕役宮好就是必要條件了。這不但能幫助你擴展事業、升官發財。僕役宮好的人，就連借錢都比別人方便順

三分鐘算出紫微斗數

利，這也是非常有意思的事情。

僕役宮就是朋友宮，通常朋友宮中有七殺、破軍、羊陀、火鈴這些星曜，朋友之間的相處較尖銳火爆，也交不到什麼好朋友。僕役宮有七殺星的人，朋友之間相處較競爭、感情薄弱。有破軍星的人，三教九流的朋友都有，真是有交無類，因此是非多、破財也多。有擎羊、陀羅二星的人，朋友中有險詐的人，常讓你吃虧。有火星、鈴星二星的人，倘若沒有貪狼星同宮或在對宮形成『火貪格』、『鈴貪格』，給你在某些年份帶來偏財運的話。情況也是不妙。你所交的朋友多是個性較火爆急躁的人，尤其是僕役宮有火星陷落的人，會有怨恨敗主、不忠不義的朋友和部屬。倒是僕役宮有鈴星居廟旺的人，若再加吉星，會有護家衛主的部屬和朋友，這倒是一奇了。

政治人物需要僕役宮好，能扶搖直上，得到輔助掌大權。家庭主婦也需要僕役宮好，否則連請個傭人都幫不上忙，頻惹是非。

僕役宮也是個看『人災』的地方。在活盤上，流年逢到僕役宮居陷地時，因人而起的是非、官訟、倒帳、被騙錢財，都將發生。因此你可以印證以前所發生之事的時間。也可以預卜日後所將發生的時日，與以預防。

僕役宮與兄弟宮相對照，故兩宮是會相互影響的，互有助益也相互牽制。你可善用對自己有利的方式來拓展人際關係。倘若兩宮皆不好，也沒有關係，你只要小心交友，再利用流年活盤上的僕役宮走到旺宮時，人際關係也一樣能開拓很好的。

九、官祿宮的看法

官祿宮就是『事業宮』。可以看出一個人事業上的成就與發展的高低。也可看出所從事的職業屬性。

像是有紫微星在官祿官的人，多會成為主管層級的人物。

官祿宮有七殺星的人，從事的行業多具強力的競爭性。有破軍星在官祿宮的人，多半是個喜歡創業的創業家，苦幹打拼、精力十足。他們從事業務最好了。

又例如有廉貞、七殺在官祿宮的人，多是軍旅出身的人，這在許多軍人的命格中可看到這個現象。這表示他選對了行業，沒有比做軍人更適合他的了。

官祿宮有太陽陷落的人，多是貴而不顯的，從事幕僚工作，在幕後掌有權威也是不錯。但是他們常常心裡不平衡，奮力想站到幕前，坐在正位上。也往往總是力不從心，事與願違。於是這種看不開的人就有苦頭吃了！終其一生鬱鬱寡歡，為名利所困。

若有羊陀、火鈴在官祿宮獨坐居陷的人，職位低下，或與黑道有關，常不務正業。尤其是官祿宮中有巨門加羊陀、火鈴皆居陷位的人，是常在是非混亂中混水摸魚的人，若行運至弱運時，便是牢獄的常客了。

由此可見，官祿宮也是可看出個人身份地位的宮位。

通常，看學生會不會唸書？也是由官祿宮來斷定的。若有太陽、天梁、文昌、化祿與祿存這些星居旺相照，肯定是會讀書的人。這也是具有『陽梁昌祿』格的人，一生會有高學歷，有貴人相助、事業成就也會較高。平常在流年裡行經『陽梁昌祿』這四顆星的旺運時，學生讀書也會讀得不錯。

十、田宅宮的看法

田宅宮是每個人的財庫。可以看出個人財富的多寡。主要是因爲中國人發富之後，喜愛購置房地等產業。事實上，這也是累積財富最佳的方式。

田宅宮不但能看出個人累積房地產的多寡，而且在活盤上的田宅宮裡，更可看出房地產在何年買進，何年會賣出失去等等的情況。你若能掌握這個資訊，便可小心守候你的財庫。以免流年不利時，失去它們。

一般在田宅宮裡有紫微星及財星居旺時，不動產較爲豐厚。太陽星入廟居旺時，可享受繼承祖先之大產業。但是太陽星落陷時，繼承之產業會被逐漸賣掉，到晚年時愈來愈少，幾近於無了。

因此，田宅宮也是可以看出是否有承繼祖先家產的宮位。

除此之外，田宅宮亦有其他的作用。例如從田宅宮中可看出你個人的家庭狀況，家庭是否和順？是否家宅不寧？田宅宮中有巨門星陷落的人，是家宅不寧的人，家中常有是非口角爭吵不斷！田宅宮中有擎羊、陀羅的人，家庭或家族中的問題，總是讓你揪心痛楚，煩惱不已。想躲也躲不掉，終日刺弄折磨著你。

田宅宮因與子女宮相對照，因而田宅宮也是看女人性能力與生育能力的宮位。因此有些沒有子女的女子，她們的田宅宮也是不好的。倘若子女宮不好，而田宅中的吉星多，生子還是有望的。

女人若是田宅宮裡桃花星多，再加擎羊、陀羅二星，則會因情色等問題受到傷害。

女子若是田宅宮不好，再加上桃花星多，而且福德宮又有昌曲及天姚等桃花星的人，多為細姨或特種行業的人士。她們的感情與生活上都較複雜淫亂。這是天性如此，很難糾正她們的習性。

田宅宮也可看出搬家的時機。尤其是在活盤裡，田宅宮天機星入座時，肯定是會有異動的了。

活盤裡的田宅宮，若遇化科星入座，會與文件、簽約之類的事有關，多半是會簽訂買房子的契約，特別是在大限、流年、流月三重相逢時更準。

十一、福德宮的看法

福德宮是看個人一生的福氣，與可享受到的財富多寡的宮位。看福氣?當然是看此人是否勞碌或享福囉!有好動的星如七殺、破軍、貪狼、廉貞等星的人，是享不到福的，不管旺弱，他們都是終身操勞不停，動起來才有快樂的人。

有天同及天梁星在福德宮的人，一生有福星及貴人的幫忙，根本不需花什麼力氣，就有人替他安排好了，天生享福。他們在個性上也不愛計較，所以個性較懶。

福德宮有財星入座，本身可享用的財富很多。例如福德宮有天府星的人，很愛物質上的享受，也會有那麼多的財富讓其享受，因此錢財他都是花在自己的身上較多，爲人較自私自利。

福德宮也是看相貌與喜好的地方。例如福德宮中有文昌、文曲星同坐，稱爲『玉袖添香』的格局，不論男女，都長相美麗。但也是桃花極重。喜歡在聲色場合打滾，重視享受。福德宮有昌曲入座的人，一生都艷福不淺，也有許多人會疼他愛他。若是女子容易在風塵中打滾，或是做細姨。若是男子，多是吃軟飯的傢伙。

壽命的長短在福德宮中也是非常明顯的，倘若有天梁、天機、貪狼等較長壽的星坐在福德宮，其人的壽命較長。像是有昌曲坐福德宮的人，因喜酒色而傷身，壽命較短。

此外從福德宮亦可看出其個性與精神狀態。如有紫微、太陽、天梁星的人，個性開朗、處世也樂觀。有巨門、擎羊、陀羅的人，是非較多，個性陰霾較悶。尤其是命宮及福德宮有擎羊（羊刃）的人，常有想不開，會自殺的悲觀念頭。

福德宮裡也看出身體是否會受傷或殘疾的情況。不管是先天的，或是後天發生的受傷，在命盤中都是有蛛絲馬跡可尋的。

十二、父母宮的看法

父母宮是看父母與個人的緣份，也可看出父母的個性、相貌、高矮、胖瘦及其職業的屬性和地位的高低。

父母宮的看法

父母宮不好的人，幼年十分辛苦，得不到家庭溫暖，對其個性的形成也是影響極大的。

父母是長輩，父母宮因此也代表著我們與長輩的關係。就學時，師長與我們的關係可在父母宮中看得出來。就業時，上司、老闆與我們的關係更可以從父母宮中得到答案。父母宮中有太陽、天梁的人，一生都有很好的長輩貴人運。

倘若你想升官發財，更是須要良好的父母宮，才可順利達成。

我們從流年的活盤中，更可以檢測出每一年你與父母之間的關係情感的變化。這一年父母是否好相處?對你有沒有意見不滿等等。

父母宮亦可看出父母的壽命長短，倘若有一方病了很久，以父母宮可斷定吉凶。

由上面十二宮的解說，我們可以知道命盤中這十二宮的應用，就連我們周遭的親朋好友的命運都在我們的命盤之中了。實在是夠神奇了吧!

另外我們再看一下身宮的看法。

三分鐘算出紫微斗數

身宮的看法

很多人論命時，省去身宮，實在太可惜了！

身宮所表現的資訊非常多，身宮主要所承現的是一些屬於個人內在層面的東西，和一些先天性擁有的東西。

例如一個人的氣質、內在思想的形式等等。像是有紫微、天府、天梁、天相等正派的星曜在身宮裡的話，其人爲人正派方正。長相好、身材好、氣質也好，與人有信賴感，讓人敬重。

身宮是人靈魂之所繫的地方，因此身宮中最易看出這個人一生所眷戀的是什麼事？心中放在第一位的重要問題在那裡？現在我來逐一說明：

身宮主要會落入夫妻宮、財帛宮、遷移宮、事業宮、福德宮及命宮等六個宮位。而每落在任何一宮位，都具有特別的意義，也顯示出此人一生所追求的目標，也就是表現出這人內心世界真正在意的事務出來。

身宮落在夫妻宮的人：

身宮落在夫妻宮的人，對感情特別敏感，對愛情尤其看重。一生好似為『愛情』而活著，生命就是來追求『愛情』的。這種不論是對父母、兄弟、姐妹、朋友、師長，都情濃似海。

身宮落夫妻宮的人，凡事以『情』為衡量事物的原則，其吉凶、禍福也以『情』的多寡來感受深刻。因此他們青少年時便會戀愛，一生也倍受感情的煎熬，倘若他們愛上一個人，便很難回頭，很多為情自殺、為情持刀的人，便是身宮落夫妻宮的人。

身宮落在財帛宮的人：

身宮落財帛宮的人，對金錢特別敏感。他們一生愛錢比愛惜生命更為重要。對於金錢斤斤計較，對於自己的收入和付出非常重視，根本就是個守財奴的人。

身宮落財帛宮的人，常常也可突破名譽、人格上的忌諱向『錢利』強力飛撲而去，絲毫不在乎別人對他們的看法，或會罵他們什麼，實在有些可怕。

身宮落在遷移宮的人：

身宮落在遷移宮的人，喜歡東遊西蕩，不喜歡待在家中，每天睜開眼睛便要外出，待在家中會生病，太悶了！

他們的一生也比較動盪不安，喜歡奔波勞碌，生活是不安寧的。因此做航海（空）業、業務、運輸等東奔西跑的工作是很好的。

身宮落在事業宮的人：

身宮落在事業宮的人，比較重視名利及事業上的發展。是事業心極重的人，許多事業的大企業主都是這類人物。身宮落在事業宮的人，事業總是放在第一位，甚至比老婆（老公）、婚姻、家庭還重要，所以很多因事業而晚婚的人，也是這類的人物。

身宮落在福德宮的人：

身宮落入福德宮的人，一生的心力都放在重視享受、娛樂方面，有錢只花在自己身上，對於關於自己的衣食住行等切身的福祉，非常在意，更喜愛吃喝玩樂的事情。因此身宮落福德宮的人，多半是個自私自利與成就較遜的人。

身宮落在命宮的人：

身宮落在命宮的人，也就是身命同宮的人。他們多以『自我』為中心，將『我』放於第一位，在思想上，因重視自我，『我』永遠是對的，故思想較頑固，是屬於冥頑不靈的一類。他們有堅定的意志力，百折不撓的精神，倘若這方面正確的話，從事政治、藝術類較需要堅定意志力的事業，這未嘗也不是他們的優點。

論命的幾種方式

我們在看命盤格局時，往往面臨一些問題。要如何來看這個命盤呢？什麼樣的命盤才算是好命呢？

從命理學上來看，學術論命是跟一般普通人要得知算命的結果，是有所不同的。一般人多半想知道的是：自己有沒有錢？事業好不好？婚姻幸不幸福？有沒有兒子？有幾個？等等的切身問題。

學術論命主要是看整個命盤格局的大小、好壞。是主貴？還是主富的？大小限行經的運程問題，主貴與主富的極限問題。還有一生命程的長短及成就問題等等。當然！上述一般人的問題也在解答之列。

因此我覺得應綜合一般人與學術論命的觀點來觀看命盤，在此提供一些觀看命盤的新技法，使你在只重視生老病死與情愛糾葛或是在追求名利之間，更能提升一點你對自己命盤格局上的重要轉捩點，使你更能昇華自己的人生，而達到超越自我，形成更高格局的境界。而不是自滿、自嘆目前命局中的小格局而已。

論命的方式一

首先我們要看的是『陽梁昌祿』格。

每個人的命盤中，都有太陽、天梁、文昌、祿存或化祿等幾顆星。倘若這幾顆星，在命盤中四方及三合處，形成照會的狀況，這個『陽梁昌祿』格就形成了。

找到『陽梁昌祿』格，尚需觀看諸星的旺度，倘若有兩個以上的星是居旺位的。『陽梁昌祿』格就形成得非常好了。倘若四顆星都居旺位，那真是太完美了！

『陽梁昌祿』格形成時，正表示你的人生歷程是主『貴』的，讀書順利，而且官運亨通。且必定是『官途』這條人生道路的。在行限及流年走到這四顆星所在的任何一宮，都會受到照會，得到升官或考試上的運氣。並且在當年也多獲貴人的幫助，運氣正旺。是極端旺運的時刻。

有『陽梁昌祿』格的人，若走的是求財之途，經商做生意，也必定會成為公司負責人，大企業主之類的人物。

倘若『陽梁昌祿』格，格局破碎不全，或主星（太陽、天梁）陷落，則以求財較好。因天梁星陷落時沒有貴人，太陽星陷落時，在職場上沒有競爭力，在男人競爭的世界裡總是受困，故而官途坎坷不順。再有太陽陷落時，太陰財星必旺。故而有女性的幫助，加上財星正旺，其一生的運程形勢以求財經商為佳。

論命的方式二

論命的第二種方式是看『殺破狼』格局。

『殺破狼』格局在命盤中成三合的狀態鼎足三立著。這個格局在每個人的人生中，造成強烈的震憾。只要有『殺破狼』值限的年份，人生運程上都有重要的異動，你不但可以此應證以前所發生的事情。也可以善加利用這個『殺破狼』格局，重新再創人生的高峰！

『殺破狼』主要指的是七殺、破軍、貪狼三顆星。他們在任何命盤中總是處在相隔三個宮的宮位。因此你也是每隔三年就會遇到他們。

在人生中七殺、破軍、貪狼這個『殺破狼』格局代表什麼意義呢？

七殺星

七殺星是一顆戰將星，殺氣很重，奮勇出戰。當你的流年或大限在這顆星所在的位置時，無論多懶的人都會受到驅策，動了起來，向外打拼的。

七殺星愛爭，戰將必須有戰功。因此讀書的學生，這一年可把握住，獲得好成績考上好學校。做生意的人，東奔西跑、忙碌非凡、進財不少。做官的人，也會積極表現，墊定升官的基礎。因此差不多的人都能獲得益處的。

但是倘若你的七殺星是和武曲星同宮或對照的。『因財被劫』的關係，你依然忙碌異常，其收獲卻是在年終結算時，賺得也多，但卻留存的並不多，很讓你訝異懊惱了！

破軍星

破軍星也是一顆將星。在有破軍星的大限、流年之內，是波動極強的年限。破軍星所代表的精神，是一種開創性的原動力。因此在有破軍的年限裡，你是會開創些事務的，譬如創業、更換工作或是擴充事業等等。

在破軍星當值的年份裡，你是有無比的勇氣，破除以前怯懦的思想，而勇敢的往前衝。因此學生可以利用這個年份努力考學校，倘若再有化權星同宮或在對宮相照，努力必定成功。

做生意或做官的人，利用破軍當值的流年打拼，若再加化權、化祿星，也必定升官發財、快樂無比。

但必須注意的是破軍星是耗星，在奮力衝刺中必有耗損，故要小心血光、耗財、物品的損害等等。

在走破軍運程時，人的本身會有破軍的習性出現，例如不重視禮儀、交友的尺度放寬（會交到三教九流的朋友）、生活浪費、個性反覆不定等等，這些都是要注意的！倘若你是個謹慎規矩的人，日後這些情況會帶給你煩惱。

貪狼星

貪狼星也是顆好動的星。但是貪狼星的動感和前述二星的動態不同。前述二星是身體力行的忙碌奔波。而貪狼星則傾向文藝的、遊樂的、投機的、慾望的、人緣的、活動的。

貪狼星所值的大限、流年裡，人的智慧與精神生活層面會提高，倘若再有化權、化祿、化科同宮，則在學生有考試上的優異成績。做生意的人，左右逢源、財源不斷。為官者也是升等進爵、好事連連。

倘若有火星、鈴星與貪狼星同宮或對照，而形成『火貪格』、『鈴貪格』。以及貪狼星和武曲財星同宮或相照，會形成『武貪格』。都會有意外暴發財富的機會，直達旺運的頂點。

貪狼星亦是桃花星，因此在此星當值的年份裡，人緣是不錯的，只要不是和廉貞同宮居陷位或與化忌同宮，人生的運程會有三級跳的吉運。

三分鐘算出紫微斗數

論命的方式三

論命方式第三種是看四化的狀況。四化指的就是『化權』、『化祿』、『化科』、『化忌』。

化權星

『化權星』會給人帶來主導權。『化權』除了在閒宮（疾厄宮）較無用之外，在每一宮都有極強力的作用。不過在大限、流年裡倒沒有此點分別了，會帶給大限、流年極富掌握好運和極端固執的作用。

在有『化權星』的大限、流年裡，我們可用來增加自己的權利。在這個年份裡，你說的話，別人都很願意聽從，對於說服他人很有助力。在有爭議性的問題上具有主導權。別人也會較為尊重你。你在處理事務時，很能發揮自己的才幹。

因此在有化權星的流年裡，你應好好把握升學考試的勝利。工作上升等升職的勝利。以及談判上具有主導權的勝利！

化祿星

『化祿星』會給人帶來財富，也會帶給人『人緣』。化祿星是祿星中的一顆，不論主星旺弱，都具有進財的本能，只是財多財少之分而已。

化祿星也是除了在閒宮疾厄宮之外，在每宮都帶來極強的運勢。亦是在流年、大限中沒有分別，依然造福的。

在行限逢化祿星時，不但可增加我們的財富。因『化祿』帶來『人緣桃花』的關係，學生利於升學考試，生意人大進財，為官者升官發財，都是極其容易的事情。

化科星

『化科星』會給人帶來功名、名譽、善緣及貴人。有『化科星』的流年年份裡，你是喜愛學習與讀書的。而且在是年內，你的頭腦清晰聰敏、辦事能力極強、氣質較往常優雅。學生也可利用有『化科星』的年份戰勝升學考試。『化科星』對於作官的人也是興旺的，可助其辦事能力的提升。當然，辦事能力高，錢財也會大進，但總不如有化權、化祿二星進財的多。

化忌星

『化忌星』是每個人都不喜歡的星曜，它顯示出是非、凶厄、災禍、破財、變動、死亡等不好的事。

『化忌星』在每一宮也都有強力變壞的作用。例如有『化忌星』的流年裡，婚姻會受阻拖延。升官有阻力。升學考試會受到打擊。生意上會拖延、損失、耗財、不進財等等。

在活盤中，大限、流年若遇到化忌星與羊刃一起出現，則會有性命上的憂慮，尤其是廉殺羊與化忌星相遇，有暴斃的可能，有『羊陀夾忌』惡格的人，也會因災禍喪生，因此不得不防！

因此，四化的作用，在人生命程上，也佔有極重要的因素。

看完了上述三個論命的主要方式，你大概明瞭了命盤中，要看的是那些東西

論命的幾種方式

在這本書中，我將改變以往只以談論各宮的吉凶來解盤的方式，而以每個主星（甲級星）在各宮（十二宮）所會發生的狀況來解盤！相信如此更能便利你的查閱以及記憶，更能幫助你在解釋命盤時能掌握到重點。

紫微命盤中星曜在十二宮的意義

一、紫微星

紫微星又稱帝座，是至尊之星。主掌官祿、延壽，爲事業之星，並有制惡解厄的功能。

紫微星獨坐命宮的人

面型方圓、中等身材、腰背多肉。形貌敦厚，對人謙恭有禮、個性小心謹慎，但心地小，耳軟心活，容易見異思遷，並且埋藏心事，不會與人開誠佈公，所以要交到知心朋友的機會也不多。

紫微坐命的人，若再有天府、天相、文昌、文曲、左輔、右弼、祿存、天馬

三分鐘算出紫微斗數

紫微獨坐命宮的人

及天魁、天鉞會照，或再加化權、化祿、化科等星的照會，一生的機運都很好，少年得志、事業有成。紫微坐命的人，不照會左輔、右弼，或不爲其相夾的人，比較勞碌、事業成敗不定。

紫微坐命的人，桃花重、艷遇多。紫微坐命者，若照會羊陀二星，爲人較陰沈。若照會空、劫二星，其精神空虛，性趨宗教，可做宗教領袖。若照會火、鈴二星，個性急燥，東想西想的較不清閒。

紫微若與紅鸞、天喜、天姚、咸池、沐浴等桃花星同宮的人，爲人較好色慾。

紫微坐命者，主貴不主財，忌爲人背書作保，免受連累。紫微在子、午二宮爲獨坐，以午宮較吉。但個性較烈、易怒、爲一領導型人物。在子宮若沒有六吉星的照會，而又有煞星沖會，會淪爲空想家。宜從事公教人員較宜。

紫微星

入兄弟宮：有兄弟三人，兄弟的自尊心很強，職位與地位都高，面貌忠厚。兄弟手足情深，能得到兄弟的幫助。

入夫妻宮：配偶的地位高，男子可得賢妻，女子因夫而榮。不過配偶有支配慾、霸道、固執，較難相處，晚婚較吉，生活較融洽。

入子女宮：主有三男二女（自然數）。子女將來的成就好。子女間相處和諧，與父母緣深感情佳。將來也可得到孝養。

入財帛宮：一生財運亨通，從不為錢煩惱。賺錢的方式也是高尚的。收入也是頂級的收入。

入疾厄宮：一生健康無大病。有病也會遇良醫治癒。

入遷移宮：在外的環境非常順利，且會得到長輩或有力者的提拔而有大發展。貴人多。其行為處世都受到別人的尊敬。

入僕役宮：一生所交的朋友皆顯貴。因此紫微入僕役宮者較會逢迎拍馬，為人較勢利。

入官祿宮：職位高尚，能成為機關或最高領導階級的人。如公司負責人或機關首長之類。事業平步青雲位高。

入田宅宮：喜愛住高樓大廈，不動產豐厚，並可得到祖上遺留之大遺產，終生財庫豐盛，家中也一團和氣。

入福德宮：一生福厚、長壽、生活舒適、安居樂業，為人樂善好施。但比較愛享福，會影響事業的發展，在男子的命程上算是弱宮。

入父母宮：與父母的感情好，從小得到很好的照顧。父母壽命長，且是具有高度教養之人。

紫微、天府在命宮的人

紫府坐命的人，面色較白、個性較孤傲，因精神空虛、喜愛物質享受。女命桃花重，受人喜愛。紫府坐命，若有昌曲同宮的人，說話較不實在，喜歡說謊。

紫府坐命的人，因財帛宮與福德宮坐『武貪格』，一生都有多次暴發運，錢財多不勝數，應往事業上發展，會成億萬富翁之格。

紫府坐命的人，幼年身體會有缺傷或有家庭問題。

紫府坐命的人，若再有天空、地劫同宮，只會空有名氣，有名無利，生活困苦，故宜從公教職固定職業較佳。

紫微、天府

入兄弟宮：有兄弟三人，兄弟皆為多財之人，兄弟感情好，並能得到兄弟的互相幫助。

入夫妻宮：配偶地位與財富均高。夫妻感情深厚合諧。但有左輔、右弼同宮，仍會離婚分開。有劫空，會生離死別。

入子女宮：多有子女四、五人，子女均為多財之人，與父母感情深厚，會孝養雙親。

入財帛宮：財富多，但個性保守，不會投資，只會存在銀行中，是個守財奴型的賺錢與花錢的方式。

入疾厄宮：身體極佳，一生少病災。有羊陀、火鈴同宮則會有腦部的疾病。

入遷移宮：在外萬事吉祥順利，且常因遷居調職而得到好的機會，使人生有重大的旺運機運。

入僕役宮：能擁有好朋友及好的部屬，並得其協助成就好事業。

紫微、貪狼在命宮的人

入官祿宮：能獲得高官厚祿，事業出類拔萃。事業發達、收入俱豐。

入田宅宮：是大富大貴之命，房地產多不勝數，財富豐厚，終身享福。能繼承祖上之產業，家庭生活和樂。

入福德宮：一生喜愛享受，但也享受得到。無憂無慮，快活一生的人。

入父母宮：父母為有錢的人，且受父母的恩澤很大，父母會照顧你一輩子。父母與你的感情好。

紫微、貪狼坐命的人

紫貪坐命的人，擁有忠厚姣美的面龐與好身材，人緣極佳、口才又好。但是個『桃花犯主』的格局，桃花重，容易染上酒色財氣的問題，喜結交權貴與逢迎拍馬，因此升官很快。紫貪若有煞星來沖，會有為『色』自毀前程的情況出現。因此若沒有化忌、劫空等星的制化，會成為風流好色的人。

紫貪再加火、鈴坐命的人，或與火、鈴相照，一生常有意外突起之好運，而達富貴之途。但此人多具有怪癖或怪異的行徑。

紫貪坐命的人，非常能幹，乙、己、庚、辛年生的人，加會左輔、右弼、文昌、文曲、魁鉞，而不爲桃花星所害者，命爲貴格。因此紫貪坐命的人加空劫最好了，較會接近宗教，走正途，而不爲桃花所害。

紫微、貪狼

入兄弟宮：有兄弟三人，兄弟中會有晚婚或不結婚的狀況。兄弟姐妹的感情不算融洽。

入夫妻宮：夫妻的興趣與個性都很相合，無煞星會白頭到老。若與左輔、右弼同宮，會再婚。若與羊陀、火鈴同宮，會因色慾傷害婚姻。有火、鈴同在夫妻宮，會因配偶而暴發財運。若有魁鉞同在夫妻宮，夫妻互相扶助而成就大事業。

入子女宮：有子女二人，而自己的私生活淫亂。子女也不和。

入財帛宮：有祖業繼承，且能守住家業，慢慢發富。倘若有火星、鈴星同宮或相照，更有暴發『偏財運』的機會。財運一生順遂。

紫微、貪狼在命宮的人

入疾厄宮：一生病災少，慎防因色耗弱與性病。

入遷移宮：在外人緣極佳，處處有貴人相助。但必須勞碌費力的去生財。

入僕役宮：四十歲以前得不到好朋友與屬下的幫助。四十歲以後較能找到好朋友和好部屬。

入官祿宮：是個有權位的人，文職、武職皆佳。有火星、鈴星同宮或相照，會在事業上暴發旺運。武職更佳。

入田宅宮：能繼承祖先很多的房地產，且靠此資產生活。若有火、鈴同宮或相照，會在房地產上暴發旺運又意外得到不動產，家庭中不和諧。

入福德宮：一生勞碌、辛苦奔忙，要到晚年才能享福。

入父母宮：與父母的感情不佳，不能溝通。若有羊陀、火鈴同在父母宮，則父母不全。

三分鐘算出紫微斗數

紫微、天相在命宮的人

紫相坐命的人，因命宮在辰、戌宮，爲天羅地網宮，故心情較悶，叛逆心較強。又受對宮破軍的影響很大，情緒不穩，而且善變。常有有志難伸之感。但紫相坐命者，多有特殊技能，從公職或薪水階級，亦或按步就班的往上爬，也會有特殊的際遇。

紫相坐命的人，外表是溫和正直。因紫微、天相皆是平穩之星，故思緒與行動較慢，讓人誤會他們較懶。其實他們是很心急的。

紫微、天相

入兄弟宮：兄弟三、四人。兄弟的個性溫和有禮，彼此和睦，能互相幫助。

入夫妻宮：夫妻感情佳。但妻年紀較年長較好，否則流年不利，會有意外災變。

入子女宮：有子女三、四人，子女會向政界發展。子女間和睦，會相互幫助，

三分鐘算出紫微斗數

和父母也緣深。

入財帛宮：其人的財富是由積蓄而成的。而且是名利雙收的賺錢方式。財富很豐厚。

入疾厄宮：一生災少，有輕微皮膚病或腺體質的病變，但無大礙。

入遷移宮：到外地能發達，離鄉方能才華大展。

入僕役宮：會有知心的朋友，並能獲得忠心的屬下為其效命。

入官祿宮：事業上能登高位，且掌大權。其職位是清高而名氣響亮的。

入田宅宮：能繼承祖業。更能自己購置房地產，且財庫豐滿，愈積愈多，家中很和樂。

入福德宮：一生平順，安逸快樂過享福的日子。

入父母宮：與父母緣深感情好，受到父母關切的照顧，且能奉養父母樂享天倫。

紫微、七殺在命宮的人

紫殺坐命宮的人，眼大，有威嚴、個性強悍。他們不喜歡被人管，而愛管人，喜掌權利，喜愛往政界發展。事業心強，也愛做老闆。為人好強健談，能白手起家，但是往往做事虎頭蛇尾。乙年生的人，丙年生的人、戊年生的人、壬年生的人會有大成就。紫殺坐命的人，因性格固執、堅強，也有會成為藝術家的人。命宮中若再出現地劫、天空，會成為宗教界的領袖。

紫微、七殺

入兄弟宮：有兄弟二人，兄弟不和睦，彼此得不到幫助。

入夫妻宮：宜晚婚、夫妻不和睦，有刑尅。加左輔、右弼，主再婚。

入子女宮：有子女一、二人。子女間不和睦。親子間亦不合。

入財帛宮：若有吉星同宮，可意外發富。賺錢的方式是一種奮力打拼的方式，須非常辛苦才能賺到錢。

入疾厄宮：無大病災，但常常感覺四肢無力，非常疲勞。

入遷移宮：必須到外面極力打拼，才可達到願望。必須付出很多的勞力才行。

入僕役宮：朋友地位高，卻待人冷淡，沒有朋友緣，也不能擁有得力部屬。

入官祿宮：做武職可做高官。工作非常勞碌。

入田宅宮：努力打拼可擁有房地產，但數量不多。

入福德宮：一生勞碌、奔波，要到晚年才能享福。

入父母宮：與父母其一不合，若有吉星較好。若加羊陀、火鈴、地劫、天空，則父母會不全。

紫微、破軍在命宮的人

紫破坐命宮的人，眼大嘴大、顴骨高、個性強，人生極不安定。但有領導力、判斷力極強，是個勞心勞力的人。

紫破坐命的人，對四周環境常不滿意，與人寡合，喜歡創業，不適合做薪水階級。甲、乙、壬年生的人為富格，財富較多。紫破坐命的人，多喜向政界發展。

但若有羊、陀、火、鈴、劫空來沖會，則辛勞。人生波動大更增勞碌。

紫微、破軍

入兄弟宮：主有兄弟三人，或為同父異母的兄弟，兄弟間感情不睦。

入夫妻宮：夫妻感情不和睦，互有刑剋，娶年長之妻較好。

入子女宮：有子女三人（自然數）。與子女關係不佳，也可能有生離現象。

入財帛宮：四十歲以前不能聚財，四十歲以後財源較佳。本身有浪費現象，耗財多。

入疾厄宮：一生病災少，小心破相及跌傷、車禍血光。

入遷移宮：一生在外打拼，多遇貴人，但也常遭小人暗害。

入僕役宮：朋友的種類大多為酒肉朋友，一生不能得到好朋友及好部屬相助。

入官祿宮：所成就的事業極其忙碌。愈打拼，事業愈多。

入田宅宮：會擁有祖產，但產業進進出出，不能多得。

入福德宮：一生勞心勞力，根本無福可享，是個忙碌而浪費的人。

入父母宮：早年即剋害雙親，或父母不全。

二、天機星

天機星獨坐命宮的人

天機星坐命宮的人，有中等身材、容貌清秀、聰明、個性急、機謀善變的本質。喜歡動頭腦，或是動身體。若天機星居平陷的人城府較深。

天機坐命者，一生的波動多。雖是多才多藝、口才能力都很強，但天機星不主富，故不宜經商，宜做公職或薪水階級。天機坐命者更不喜羊陀、火鈴、化忌、劫空來會或同宮，一生運程欠佳，生活辛苦。

天機坐命在子、午宮的人

天機在子、午二宮入命宮者，因在廟地，其對宮有巨門星，一生是非不斷。若有化權、化祿、化科同宮或照會，可成爲有名氣之專業人材。

天機坐命在丑、未宮的人

天機在丑、未二宮入命宮者，因在落陷的位置，雖有天梁廟旺在對宮的位置相照，而天梁貴人星必定在人落難至谷底時才為其救難復建，故天機坐命丑、未宮者，必歷經一生的辛苦，至老年方才平順。

天機坐命在巳、亥宮的人

天機在巳、亥二宮入命宮者，因其對宮為太陰星。天機在巳時，對宮太陰廟旺較佳。稱為『月朗天門』格。多異性緣份，好喝酒。天機在亥宮時，因對宮的太陰陷落，一生財運不佳，成就也有影響。天機在巳、亥宮坐命宮者，皆有背井離鄉之現象。

天機星

入兄弟宮：主有兄弟二人，能得到兄弟手足的幫助。居陷兄弟不和，似有若無。

天機、太陰在命宮的人

入夫妻宮：配偶中，妻較年少，配偶個性強，彼此關係常是晴時多雲偶陣雨，，時好時壞。陷落時，夫妻不和睦。

入子女宮：天機居旺時，有子女二人。或有庶出者。子女聰敏機巧。天機落陷時，至多有一人，子女間感情不睦。

入財帛宮：一生財運多變化。為白手起家，勞心費力去賺錢，要到晚年較佳。

入疾厄宮：嬰幼兒期多災，不好養。落陷時頭與面部有傷痕會破相。

入遷移宮：應離家到遠方工作，會有貴人使之發達。在家是非爭吵多，糾紛不斷。

入僕役宮：居旺，能獲得知心朋友與得力助手。落陷，無法與人和睦相處。

入官祿宮：居旺，職位與薪水皆高。落陷，為小公務員。

入田宅宮：居旺時，會失去不動產再購置。落陷時，根本留不住房地產，家中不寧。

入福德宮：一生辛勞，生活起伏不定，但擁有求知慾，是個不能享福的人。

入父母宮：居旺，受父母照顧無微不至，父母對其恩澤大。居陷地，則會被寄養、招贅、二姓寄居。

天機、太陰坐命的人

天機、太陰必在寅、申二宮入命宮。若再有天同、天梁於四方三合處相照會，『機月同梁為吏人』，以任公職或大公司企業上班較佳，可做主管級的人物。

機陰坐命的人，個性較陰柔，男子喜與女子接近，女子為賢妻良母型。男女的桃花都很重，若有化權、化祿、化科、祿存等星同宮或照會，事業上會有大發展。若有昌曲、咸池、紅鸞、沐浴等桃花星多者，可從事娛樂事業。但機陰坐命者，多愁善感，感情多不順利。有化忌在命宮的人，一生多是非，運程也起伏不順。

天機、太陰

入兄弟宮：在寅宮，主有兄弟二、三人，感情深厚，與姐妹情深，並相互鼓勵。在申宮，不合。

入夫妻宮：配偶貌美，且多才多藝，易為他人嫉妬而生是非，造成夫妻感情有變化。

入子女宮：在寅宮，子女有二人，貌美聰敏，女兒較貼心。在申宮，不合。

入財帛宮：需白手生財，自立門戶，薪水階級的人，儲蓄可得大財。

入疾厄宮：一生無大病，小心皮膚病的感染。

入遷移宮：在外忙碌，遇女子為吉，進財較多。愈忙碌愈生財。

入僕役宮：朋友很多，屬下也很多，但並不得力。女性朋友及屬下較能幫忙。

入官祿宮：從事研究學術工作較佳，名聲遠揚。在申宮太陰居平陷之地較不持久。女子為工作夥伴是關鍵人物。

入田宅宮：廟旺，能購置無數的產業。陷地則無。

入福德宮：在寅宮，喜憂心。在申宮，能享受生活的樂趣。

入父母宮：與父母的感情深厚，能孝養。父母是感情細膩敏感的人。

天機、巨門坐命宮的人

天機、巨門二星必在卯、酉二宮入命宮。其人嘴大有口福、口才亦佳。主見強、個性堅定。易惹是非。

機巨坐命者，博學多才，利於升遷考試，宜從事學術研究工作。機巨坐命者為破盪格，要白手成家。必歷盡困難才會成功。機巨坐命者，感情波折多。

天機、巨門

入兄弟宮：主有兄弟二人，彼此口角不斷、不和。

入夫妻宮：婚前是非就很多，婚後也不美滿。若再加羊陀、火鈴、劫空等煞星，會有生離死別的現象。

入子女宮：有子一人。子女的成就好。

入財帛宮：財運時有變化，起伏不定。若在鬧中取財，可有意外之財。

入疾厄宮：小心高血壓、心臟病等疾病。

入遷移宮：一生在外是非多，應多忙碌較吉。

入僕役宮：朋友及屬下之間口舌是非多，且他們對你也口是心非陽奉陰違，你要小心！

天機、天梁在命宮的人

入官祿宮：做學術研究工作可名聲大噪。名聲所帶來的是非也較多。

入田宅宮：在卯宮可繼承祖產，且可增多。於酉宮，產業會被變賣。兩者都有嚴重的是非問題。

入福德宮：一生是非多，且讓你勞心勞力，無福可享。

入父母宮：因父母感情不睦，故你得不到好的照顧。你與父母的感情也淡薄。

天機、天梁坐命的人

天機、天梁二星必在辰、戌二宮入命宮。機梁坐命的人，非常聰明，且有策劃與分析能力，是軍師的人材。機梁坐命者，必照會天同、太陰為『機月同梁』格。坐命辰宮比坐命戌宮好，若再加六吉星，可身居要職，官至首長級的人物。

天機、天梁本不主財，縱使遇『武貪格』、『火貪格』，暴發財運，也不易留存，故機梁坐命者，應從公教職發展較安定，為薪水階級。

三分鐘算出紫微斗數

天機、天梁

入兄弟宮：主有兄弟二人，兄弟彼此感情好，能相互照顧，但精神多於物質的幫助。

入夫妻宮：配偶之間的年齡差距大。婚姻美滿。

入子女宮：居辰宮，有子女二人。居戌宮，只有一子，子女聰明有頭腦，彼此和諧。與父母感情好。

入財帛宮：會因發明或好的構想而發財，成為富翁。

入疾厄宮：有膀胱或下腹的疾病。

入遷移宮：在外能遇貴人欣賞你的聰明才智。若從事藝術、學術類的行業更佳。

入僕役宮：四十歲以前找不到好朋友與同心的屬下。四十歲以後，好朋友與得力的屬下會出現。

入官祿宮：為軍師人材，有智謀，會成為有權利、有地位之人。

天機、天梁在命宮的人

入田宅宮：會漸漸買進房地產，晚年愈積愈多，為一富豪。但有羊陀、火鈴、劫空同宮，則產業少或無。

入福德宮：很會享福，心胸開朗過一生。

入父母宮：父母壽命很長。從小就能得到父母細心的照顧，彼此感情深厚。

三、太陽星

太陽星獨坐命宮

太陽坐命的人都有一些共通點，例如大臉，面型方圓，相貌雄偉，有威嚴。骨架較大，多數為中等以上的身材。其個性寬宏、仁慈慷慨，博愛、不計較是非，雖然性急，但平常仍算是個好脾氣的人。女子太陽坐命者，有大丈夫的氣概。

太陽具有刑剋特色，刑剋『陽性』近親。太陽坐命者幼年時刑剋父親，與父親無緣，會處不好。男子中年刑剋自己。女子刑剋丈夫。晚年剋子，會與兒子處不好。

太陽坐命在巳、午宮的人

太陽坐命在巳、午宮，為廟旺之地。太陽在巳宮，對宮有巨門的影響，雖志向遠大，少年得志，但因是非較多，自信心減弱，有後繼無力之感，要在中年以後才會漸入佳境。要注意感情問題較多。

太陽坐命午宮的人，其對宮為天梁，太陽、天梁二星皆廟旺是名符其實的『陽梁昌祿』格。可在財經界任官職。但其個性孤獨，身體上會有缺陷。若有火鈴同宮，官途上可暴發錢財。若與擎羊同宮，心情鬱悶。若與羊陀、火鈴、劫空同宮，會成為浪費家。

太陽坐命子、亥宮的人

太陽坐命子、亥宮，為陷落，一生辛勞奔波，眼目有疾、幼年坎坷、中年以後懶惰，一生都有不得志的感覺。若有羊刃同宮，有自殺之虞。

太陽坐命辰、戌宮的人

太陽坐命辰宮為居旺，其對宮的太陰星也居旺，成為『日月共明』。太陽坐命辰宮的人，機智敏捷，少年得志，一生運程極佳。若再得六吉星相輔，成就更是非凡。

太陽坐命戌宮的人，爲『日月反背』的格局。一生勞碌、孤寡、成敗起伏大，多招是非，與人不合，要離鄉發展較吉。庚年、辛年生的人有化祿與化權較吉，公職較好。

太陽星

入兄弟宮：入廟有兄弟三人，兄弟和睦。陷落，兄弟不和。

入夫妻宮：配偶能提升你的地位，但仍須晚婚爲佳。女子夫妻宮爲陷落時，夫早逝。

入子女宮：廟旺有三男二女，加煞減半。廟旺，子女間融洽、與父母有緣。落陷，子女間欠和，與父母緣淺。

入財帛宮：居廟旺時，財運佳，一生富裕。居陷地，一生勞苦、忙碌求財。

入疾厄宮：有易頭痛、感冒之病症。陷地，眼睛有疾。

入遷移宮：宜離家在外發展，名利自來。在家靜守非福。

入僕役宮：居廟旺，會擁有眾多的好朋友與部屬爲其效力。陷地，常被人出賣、陷害、朋友不佳。

入官祿宮：廟旺，有高官厚祿，前程似錦。陷地，會貴而不顯，宜做幕僚人員掌有實權。

入田宅宮：居廟旺，會繼承祖先之大產業。居陷地，會將祖先之產業愈賣愈少，終至於無。

入福德宮：一生忙碌不停。居廟旺，享福較多，福份也厚。居陷地，一生享不到福。

入父母宮：居廟旺，不剋害父母，與父母感情深厚，與父親更是情深。居陷地，剋父與父親不和。

太陽、太陰同坐命宮的人

太陽、太陰同坐命宮，稱之爲『日月守命』。個性保守，處事謹慎，但性急、好動，容易辛苦勞碌。個性又變化無常，三心二意。日月在丑宮坐命者，太陽爲陷落，太陰廟旺，是有陽剛與陰柔兩種個性。不宜經商，宜公職或大企業內上班，有六吉星照會，會有意外好運發跡。

日月在未宮坐命者，若有六吉星同宮或照會，官運亨通，但太陰陷落，主貴不主財，故不宜經商。有化權、化祿、祿存在命宮或照會者，財產較多，也主富。

太陽、太陰

入兄弟宮：有兄弟四、五人，太陽居旺者，與兄弟情深。太陰居旺者，與姐妹情深。

入夫妻宮：夫妻能諧老，太陰居旺者，能因配偶的助力生財。太陽居旺者，能因配偶提高地位。

入子女宮：有子女四、五人。太陽居旺者，與兒子緣深感情好。太陰居旺者，與女兒緣深感情好。

入財帛宮：太陽居旺者，再加左輔、右弼，因貴發富。太陰居旺者，主富不主貴。

入疾厄宮：一生少病。若與化忌同宮，或太陽落陷，有眼疾。與羊陀同宮，有精神耗弱的現象。

入遷移宮：如日月般忙碌，宜到外鄉發展，可得富貴。

入僕役宮：能擁有眾多的好朋友與部屬。太陽居旺者，得力的朋友與部屬是男性。太陰居旺者，得力的助手與朋友是女性。

入官祿宮：日月同宮於未宮，職位貴顯。日月同宮於丑，職位平常，但賺錢較多。

入田宅宮：同宮於丑，房地產眾多。同宮於未，能得祖產。

入福德宮：一生忙碌不停，但身心快樂。

入父母宮：在未宮與母親無緣不和。在丑宮與父親不和。

太陽、巨門坐命宮的人

太陽與巨門同宮必在寅、申二宮。亦稱『巨日坐命』。其人個性穩重，有食祿、靠口才吃飯，適合做老師或推銷員。有紅鸞、天姚、咸池等桃花星者，可走演藝事業。再加化權，傳播事業可掌要職。有天刑同宮，可做司法人員。

坐命申宮者，中年以後較怠惰。陽巨坐命者，一生是非都多。

太陽、巨門

入兄弟宮：有兄弟二、三人，兄弟感情平淡，是非口舌多。
入夫妻宮：夫妻間是非多，常吵吵鬧鬧，但也能終老。
入子女宮：有子女二、三人，前二人易養，第三子多病災。
入財帛宮：靠口才賺錢，財運起伏不定，是非較多。四十歲以後才開始聚財。
入疾厄宮：有頭痛與消化系統的毛病。
入遷移宮：一生勞心勞力，賺錢辛苦，是非困難多。
入僕役宮：自己的朋友與部屬之間的是非、口舌多，常發生問題，讓自己辛勞不已，也不能幫自己的忙。
入官祿宮：寅宮，做官地位較持久。申宮，做宮地位起伏不定。事業上是非多，會影響自己的前程。
入福德宮：一生是非、麻煩多，勞心勞力不能休息。要到晚年才好。

入父母宮：與父母感情不佳。常爭吵無寧日。

太陽、天梁坐命宮的人

太陽、天梁同宮必在卯宮與酉宮。

陽梁坐命在卯宮的人，個性正直，心胸寬大，喜助人。是『陽梁昌祿格』，一生考試運佳。若再有六吉星同宮或照會，做官可至高位，且因貴而富。

陽梁坐命酉宮的人，貴而不顯，秀而不實，懷才不遇，很早便離鄉背井、出外發展，遲婚，婚姻波折多。宜任公職人員或做命理研究，中晚年較順利。

太陽、天梁

入兄弟宮：兄弟二人，兄弟間感情深厚，能互相照顧。

入夫妻宮：配偶很體貼，年紀較自己為長。

入子女宮：有子女二人。在卯宮，子女成就皆貴，從官途。酉宮，子女成就平凡。

入財帛宮：在卯宮，辛勞生財，財旺。在酉宮，財運較弱。

入疾厄宮：在卯宮，無病災，身體健康。在酉宮，有眼疾。

入遷移宮：在外的貴人多，能因貴人的助力而升官發財。

入僕役宮：在卯宮，有好朋友與好部屬全力支持你成大業。在酉宮，則與朋友、部屬不合而相互嫉妒。

入官祿宮：卯宮的職位高，權利大。酉宮職低、無權。

入田宅宮：卯宮可得祖先大產業，自己經營愈來愈多。酉宮沒有祖產，自置也少。

入福德宮：一生受人照顧，享福快樂過終生。

入父母宮：卯宮，得到父母的良好照顧，與父母緣深。酉宮與父親不睦，無緣。若有羊陀、火鈴、劫空同宮，則與父母無緣，有無父或無母，及他養的可能。

四、武曲星

武曲獨坐命宮的人

武曲星在辰、戌宮入命宮為廟旺獨坐。因對宮有貪狼星的影響，形成『武貪格』，一生的運程，為大起大落型。武曲坐命的人，大部份是形小聲音大，聲音清澈。個性剛直、正派、重言諾。活力充沛、性急、行動力強，適應環境的能力也強。

武曲星與昌、曲同宮是文武全才的人。武曲為正財星，與化權同宮，武職崢嶸能居高位。與化祿同宮，從商可成大富翁。與化科同宮，文藝界具有文名。與化忌同宮，再有羊陀同宮，是慳吝的小人，多車禍、破財，是非禍端。

武曲坐命的人，若身宮有廉貞星逢化忌，亦是貧賤一生，因『財與囚仇』的關係。武曲坐命若遇六煞，六親無緣，會吃素信教。

武曲星

入兄弟宮：有兄弟一、二人。兄弟不和。兄弟個性剛直急躁、孤僻。

入夫妻宮：配偶個性強，彼此不和。

入子女宮：有子女一、二人。子女間不和，親子關係不佳。

入財帛宮：武曲為財星、居旺與化權、化祿同宮，為億萬富翁。武曲星獨坐，必會貪狼星，為『武貪格』會爆發財運而發富。有擎羊、陀羅為破格，發財較小。

入疾厄宮：嬰幼年多災，破相、手足有傷，小心肺部較弱。

入遷移宮：武曲財星主動，不宜靜守，應外出發展，鬧中安身得財。

入僕役宮：居旺，有好朋友及部屬的幫助而成就事業。居陷，招怨而眾叛親離。

入官祿宮：居旺，武職能居高位。若有化權、化祿、化科同宮發財很大，應從商。居陷時，職位低。

入田宅宮：居旺，可繼承祖業發富。居陷，無祖業且窮困。

入福德宮：居旺，財力豐厚，一生享福，居陷，辛苦勞碌過活，個性頑固暴躁。

入父母宮：與父母緣淺，有刑剋，彼此不睦，父母對你倒是關懷倍至。

武曲、天府坐命的人

武曲、天府必在子、午二宮同入命宮，正財星與財庫星同坐，標準富格，若再加祿存同宮，再照會昌曲、左右、魁鉞等六吉星，為世界級的富翁。若有化權、化祿、化科同宮或照會，從商得財成為富翁。武府若有煞星照會或同宮，則有『因財被劫』的問題，成為個性吝嗇的人，六親緣份也會變壞，且辛勞奔波，無法成為富翁。例如武府坐命加擎羊星同宮或相照的人，只會成為公務員或大公司上班的普通人。

武曲、天府

入兄弟宮：有兄弟三人，兄弟為有錢人，且能資助自己。

三分鐘算出紫微斗數

入夫妻宮：會因配偶而發富，配偶的財富多。
入子女宮：有子女三人，子女皆為有錢人，但彼此不和。親子關係也冷淡。
入財帛宮：一生都富裕，有最佳財運。
入疾厄宮：一生病災少，健康良好。
入遷移宮：忙碌奔波，經商而成大富豪。
入僕役宮：能有忠心的朋友、部屬為自己打拚，而賺大錢，成就大事業。
入官祿宮：職位與薪俸皆高，且能賺大錢。有劫空同宮或照會，職位普通。
入田宅宮：房地產多不勝數，為最佳富格。
入福德宮：一生操勞辛苦，要到晚年為富裕而享福。
入父母宮：父母的事業發達而財富多，與你的感情極佳。終身會資助你錢財。

武曲、貪狼坐命的人

武曲、貪狼必在丑、未宮入命宮，是個多才藝、個性強，勤快又喜勞心勞力的人。在外人緣好，但六親緣薄。一生有多次暴發的機會，先貧後富，個性較慳吝。若再有火星、鈴星同宮，更是貴格，發富也更巨。武貪坐命的人最宜商場發展，會有大收獲。從武職亦佳。若有羊刃同宮，為有特殊技術人才。

武曲、貪狼

入兄弟宮：有兄弟二人、兄弟不和睦，常爭吵不斷。

入夫妻宮：因配偶的能力強，而夫妻不和睦。

入子女宮：有子女二人，子女幼時難養或子女不和睦，親子關係也不佳。

入財帛宮：有暴發偏財運之多次機會而獲得大財富，但横發横破。若再有火鈴同宮或照會，横發之財富更大更鉅。

入疾厄宮：無大疾病。有羊陀、火鈴同宮，有痔瘡、痲癬、手足雞眼等毛病。

入遷移宮：到外地經商能成為鉅富。

入僕役宮：得不到好朋友與部屬，且常招忌陷害而失敗。

入宮祿宮：會成為貪官污吏而下台。

入田宅宮：財產因大起大落而不穩定，要到晚年才能擁有房地產。

入福德宮：一生勞心勞力的過日子，絲毫享不到福。
入父母宮：與父母不和睦、緣淺，常有爭執。

武曲、天相坐命的人

武曲、天相必在寅、申二宮入命宮。武相坐命的人，個性主觀，不愁衣食，注重個人享受，喜好美食，事業心強，為最佳幕僚人才。多為財官雙美的命程。若有六吉星同宮或照會，主掌權威。有祿存、化祿、天馬同宮，會在外地發財。有四煞同宮，則『因財被劫』，較窮困，個性也不好。有火鈴來沖，有殘疾。

武曲、天相

入兄弟宮：有兄弟二人，且兄弟在錢財會相互資助。
入夫妻宮：配偶財多富足，個性溫和而頑固剛直，晚婚可諧老。
入子女宮：子女二人，子女是有錢人，但沈默不愛講話，很嚴肅，親子關係較淡。

入財帛宮：財產多而富有，財富是積蓄而發富的。

入疾厄宮：一生健康、少病災。有羊陀、火鈴同宮會破相有暗疾。

入遷移宮：到外地發展，辛勤努力可發財還鄉。

入僕役宮：朋友與部屬都很賣力的支持你。使你成功。

入官祿宮：到外地打拚，可掌權勢、地位，並且獲得財富。

入田宅宮：房地產多不勝數。須積蓄而成。

入福德宮：一生辛勞，中年以後較安定。一生的享受較好。

入父母宮：與父母緣深感情好。有羊陀、火鈴同宮則否。

武曲、七殺坐命宮的人

武曲、七殺必定在卯、酉宮同坐命宮。武殺坐命的人，有謀略，有膽識，但個性較頑固、古怪。好勝心強，從不服輸，不愛講話。敢愛敢恨很性格，做事斬釘截鐵很乾脆。做事能幹而打拚。但容易受傷，『因財被劫』的關係，較吝嗇。

武曲、七殺

入兄弟宮：有兄弟二人，常吵架打架，不和睦。

入夫妻宮：配偶間常因錢財和個性問題爭吵不休，相互剋害。有羊陀同宮，生離死別。

入子女宮：主孤寡無子或有殘疾之子。

入財帛宮：『因財被劫』辛苦打拚而財不多。

入疾厄宮：有血液的毛病。有羊陀、火鈴同宮，手足傷殘。

入遷移宮：辛苦勞碌，不能停止，賺錢十分辛苦。勞碌生吉，靜止生災。

入僕役宮：有背叛的朋友、屬下。並易遭其陷害出賣。

入官祿宮：從武職橫立功名，且能得高位。

入田宅宮：與房地產緣份低，且漠不關心。

入福德宮：終生勞碌奔波，不能安定，且吝嗇困苦。

入父母宮：與父母無緣，或為無父或無母之人。

武曲、破軍坐命宮的人

武曲、破軍必在巳、亥二宮入命宮。武破坐命的人，都是少小離家、白手打拚，六親無緣，終身辛勞、巧藝為生，工作勞苦的人。喜歡冒險、賭博，孤注一擲。貴顯較難，經商財運又不濟。若有昌曲同宮，做學術研究、任公職較好。若有羊陀同宮，身體有殘疾。有火鈴同宮，會入黑道，有官非鬥爭。有祿存、天馬同宮，會浪跡天涯，隨遇而安。

武曲、破軍

入兄弟宮：兄弟有二人，不和睦。兄弟常帶來麻煩讓你破財。

入夫妻宮：夫妻衝突多，常離婚後又結婚，反覆無常。

入子女宮：子女二人，彼此不和，與父母也不和，子女耗財多。

入財帛宮：『因財被劫』，耗財多，賺錢辛苦得財甚少，一生在辛勞中求財。

入疾厄宮：健康。但身體易受傷、破相，有眼疾。

入遷移宮：一生勞心勞力，奔波忙碌。有羊陀、火鈴同宮，會與黑道有關，多招是非與官禍。

入僕役宮：朋友及屬下多帶來麻煩使你破耗不斷，你應小心交友。

入官祿宮：為軍警職、武職。有化權、化祿、昌曲、左右、魁鉞同宮者，地位顯赫。

入田宅宮：一生不能長久擁有房地產。

入福德宮：一生東奔西走，沒有安定的日子，福份薄，老年貧困。

入父母宮：與父母無緣，自小便離家或父母早逝。

五、天同星

天同獨坐命宮的人

天同星為福星，有解厄制化的功能。天同坐命的人，個性溫和穩重、心慈。精通文墨。居廟旺時，人的體型肥胖。居陷地時，人的體型較瘦、較小。若有陀羅同宮，有眇目、斜視的狀況，且有耳疾。

天同獨坐卯、酉宮的人

天同坐命在卯、酉宮的人，因其對宮有太陰星，而天同本身居平，一生平穩，喜好文藝及休閒活動。若有擎羊同宮，身體會遭傷。若有火鈴同宮，身體常不好。

天同獨坐辰、戌宮的人

天同坐命辰、戌宮，因其對宮為巨門，兩星皆陷落，因而多是非口舌之災。丁年生的人，坐命戌宮最吉，有『機月同梁』格來照會及祿、權、科的幫忙。對宮有巨門化忌來沖照，人較勤奮，做老師及學術研究會有成就。

天同獨坐巳、亥宮的人

天同星獨坐巳、亥宮為入廟，對宮有陷落的天梁沖照，可收激勵之效。天同不畏煞星衝照，反而可減懶惰的因素。丁年生有天同化權在命宮的人，可有大事業。若再有六吉星的輔弼。可任要職升高官，事業大有成就。但天同如遇四顆以上之煞星，可能會有殘疾。

天同星

入兄弟宮：入廟有四人，陷地二人。兄弟是溫和個性的人。

三分鐘算出紫微斗數

天同獨坐在命宮的人

入夫妻宮：配偶溫和，夫妻年紀相差較大。居旺，夫妻合和。居陷，為一對平凡的夫妻。

入子女宮：居旺，有四人，居陷有二人。子女個性隨和可愛。與父母緣深。

入財帛宮：居旺時，能白手生財，一生不為錢愁，為一高薪之薪水階級或公務員，有穩定的收入。陷地，則不聚財，為一普通之薪水族。

入疾厄宮：居旺時，健康。居陷時，有耳疾。

入遷移宮：居旺時，常有貴人扶持，一生平順安樂。居陷時，較勞碌奔波。

入僕役宮：居旺時，有眾多好朋友與好部屬的幫忙成就大事業。居陷時，為朋友的事情忙碌。

入官祿宮：居旺時，職位貴而有高薪。居陷時，為小官吏或薪水階級。

入田宅宮：居旺時，先少後多，房地產慢慢增加。居陷時，房地產少。

入福德宮：居旺時，一生待人世故有禮，且有福壽，愛享受生活的樂趣。居陷時，愛忙碌遊玩的事情。

入父母宮：父母為溫和的老好人。與父母感情較深厚。

天同、太陰坐命宮的人

天同、太陰必在子、午宮同入命宮。同陰坐命的人，個性陰柔開朗，較女性化。外表秀氣，宜注意感情糾紛。男命會得女子之助而成功。同陰坐命的人，多為『機月同梁』格，能以官職而漸富，是富貴忠良之人。

同陰坐命者，以子宮較吉。午宮的天同、太陰俱陷落，較勞碌，且漂泊不定，財少。若有擎羊在午宮，為『馬頭帶箭』格，從武職能威震邊疆，也可富貴。但外傷多，刑剋六親。

天同、太陰

入兄弟宮：有兄弟四、五人，在子宮，兄弟情深，能互相幫助。在午宮，感情較差。

入夫妻宮：配偶外貌姣美。在子宮，夫妻感情佳。男子得妻財。在午宮，夫妻感情較差。

入子女宮：居子宮，有子女、四、五人。與父母緣深，與女兒緣深。在午宮，子女人數少，與子女緣淺，子女財少。

入財帛宮：一生財運平順。在子宮，財多。在午宮，財少較勞碌。

入疾厄宮：若與火鈴同宮，多災多難。若與羊陀同宮，多病，身體欠佳，血液會有問題。

入遷移宮：居旺，可白手創業，得貴人扶持。居陷，辛勤勞苦奔波，為求財忙碌。

入僕役宮：在子宮，可得到眾多的好朋友與屬下。在午宮，好朋友與屬下較少，而且與女子刑剋不睦。

入官祿宮：在子宮時，可至高官厚祿。在午宮為小官吏。

入田宅宮：在子宮時，田宅豐盛，房地產多。在午宮、辛勤勞苦，可得一戶。

入福德宮：在子宮，可享福，且生活樂趣多。在午宮，為生活操勞忙碌，享不到福。

入父母宮：在子宮，與父母緣深，尤其與母親感情好。在午宮，與父母關係淡薄，與母親不和。

天同、巨門坐命宮的人

天同、巨門必在丑、未宮同坐命宮。同巨坐命的人，因兩星皆陷落，故一生辛勞，是非口舌多，易犯小人。而且幼年坎坷。若有羊陀同宮，心地較邪。有火鈴同宮，臉上必有異痣或雀斑。有三合湊殺，有火厄。逢大小限、流年、流月惡運重逢者，會有死於外道的現象。要小心。

若坐命於未宮為空宮，有同巨在丑宮相照者，再有左輔、右弼、昌曲、魁鉞相夾，為『明珠出海格』，能得高官厚祿。事業較有成就。其他的命局則平常。

天同、巨門

入兄弟宮：有兄弟二、三人，感情不佳，常有口舌之爭。

入夫妻宮：夫妻感情不佳，多惹口舌是非，而發生爭執。

入子女宮：子女有二人，子女間不和睦。與父母感情也不佳。子女常吵吵鬧鬧，家庭不寧。

天同、巨門在命宮的人

入財帛宮：財運起伏，始終不能穩定，且與錢財有關的是非很多，讓你煩亂。賺錢的方式是屬於『是非』的錢。

入疾厄宮：有心臟、血壓等毛病。有擎羊、火星同宮有性病。有化忌同宮，會有耳疾及眼疾。

入遷移宮：一生在外是非多，會與黑道有關。有羊陀同宮，死於外道。終身勞碌，忙於『是非』的事情較多。

入僕役宮：一生不能得到知己與好朋友，更遭屬下及朋友的陷害、背叛，和朋友爭執較多。

入官祿宮：一生在是非中打滾、職位低。若有化權及祿存同宮，在黑道中掌權及進財。

入田宅宮：沒有房地產。縱使有，也會因是非糾紛而失去。

入福德宮：一生勞碌，享不到福。多為是非糾纏，為是非之事而奔波。

入父母宮：與父母感情薄，常有口舌爭執。

三分鐘算出紫微斗數

天同、天梁坐於命宮的人

天同、天梁必於寅、申二宮入命宮。同梁坐命的人，是個思想清高但不實際的人，注重內涵。固執、擅於外交。坐命寅宮，很會照顧別人，自己也常遇貴人。坐命申宮則否，傾向宗教信仰。本命形成『機月同梁』格，做公職和服務業較佳。同梁坐命的人，喜在外遊蕩奔波，自己家中的事不愛管，因此夫妻感情不佳。若遇羊陀、火鈴同宮，為敗局，人格低下。

天同、天梁

入兄弟宮：有兄弟二、三人，在寅宮，能得到兄弟的幫助。在申宮，得不到兄弟的幫助，兄弟感情淡薄。

入夫妻宮：配偶溫和、貌美。在寅宮，夫妻感情佳，配偶較能體貼照顧你。在申宮，配偶等你去照顧他。

入子女宮：寅宮有三個子女，先生女，後生男。在申宮，只有一子。寅宮，

天同、天梁在命宮的人

與女兒較有緣。申宮與兒子有緣。

入財帛宮：在寅宮，可得貴人財。在申宮，只是坐享，財不多。

入疾厄宮：健康。有羊陀同宮則注意心臟疾病。

入遷移宮：在寅宮時，在外有貴人相扶持，升官發達。在申宮，不貴，人較懶，沒有事業心，喜歡玩樂的事情。兩者在外都很忙碌。

入僕役宮：在寅宮，有朋友、屬下的助力，幫你成就事業。在申宮，朋友、屬下溫和，但不得力。

入官祿宮：在寅宮，主貴，職高權大，但官品清高。在申宮，沒有事業心，也少貴人，只是安享而已。

入田宅宮：不動產少。老年時可擁有。

入福德宮：在寅宮，不能享福，較勞碌。在申宮，較愛享福，沒有幹勁。但都長壽。

入父母宮：在寅宮，深得父母長輩的喜愛與照顧。在申宮，得不到好的照顧，但與父母的感情還不錯。

六、廉貞星

廉貞獨坐命宮的人

廉貞星獨坐命宮，必是在寅、申二宮。對宮因有貪狼星的照會，雖然個性剛烈，主觀強，人緣尚佳。口橫眉粗、不拘小節、個性豪放、事業心重，很愛管別人，自己卻不喜拘束，較會與六親難溝通。若有文昌、祿存同宮或相照，才會富貴有禮。公職較好。若有火鈴同宮，心術不正。若有擎羊、左右同宮，會做小偷。廉貞會煞星變得邪惡。廉貞坐命的人，一生都要小心官符的事情。

廉貞星

入兄弟宮：有兄弟二人，感情不和睦。

入夫妻宮：夫妻相剋，會離婚再婚。

入子女宮：子女二人，彼此感情不睦。親子關係也不和且爭吵激烈，不能溝通。

入財帛宮：生財的方式是一種運用計劃智謀的方式賺錢。必須在鬧地，生財較多。

入疾厄宮：年幼時有瘡和腰足受傷。若與羊陀同宮，嘴唇潰爛及牙病的問題嚴重。

入遷移宮：須在外奔波，運用智慧打拼。在家賺不到錢。

入僕役宮：因智慧或計劃而得朋友、部屬的賞識而效力。

入官祿宮：辛勤努力能至高位，流年不利時，會有起伏。做幕僚人材、技術人材，都是一級棒的人材。武職也能登高位。

入田宅宮：會賣去祖先之產業，並與房地產無緣。

入福德宮：終身勞碌，喜愛用腦，個性善變之人。

入父母宮：父母較自私，彼此不能溝通，而致感情淡薄。

廉貞、貪狼坐命宮的人

廉貞、貪狼坐命宮，必在巳、亥二宮，因雙星俱是陷落。故其人一生顛沛流離，經濟不富裕，做軍人較好。

廉貪坐命的人，因桃花星俱陷落的關係，人際關係也不好，且較喜投機之事、邪僻之事、較不喜走正道。因此會與黑道有關。

廉貪坐命，如再有化忌同宮，定有禍事纏身，不是身陷牢獄，就是小命嗚呼。

女命廉貪坐巳、亥宮，無煞星同宮或相照，為清白貞潔之女。如有羊陀、火鈴、劫空、化忌同宮或照會來沖，為娼妓之命、下賤孤寒。

廉貞、貪狼

入兄弟宮：有兄弟一人，相互拖累招災，彼此憎恨。

入夫妻宮：夫妻打架吵架無寧日，會有三度婚姻，婚姻皆不美。不離婚者，配偶之一早逝。

廉貞、貪狼在命宮的人

入子女宮：孤剋無子。

入財帛宮：財運始終不佳。從軍警、武職或與金屬刀劍有關之辛勞事業可稍有財利。

入疾厄宮：有眼疾和與『性』有關的疾病。

入遷移宮：在外勞心勞力，因人緣欠佳，而辛苦異常，即使得到錢財，也無法長存，在外面所遇之環境很差。

入僕役宮：受朋友、屬下嫉妬憎恨而出賣。

入官祿宮：從軍職較順利。

入田宅宮：與房地產緣份薄，根本沒有房地產。

入福德宮：一生勞碌奔波，無法享福，心情也不平靜。

入父母宮：與父母緣份低，彼此不和。

廉貞、天相坐命宮的人

廉貞、天相同坐命宮，必在子、午二宮。廉相坐命的人，不喜說話、高傲膽小，若有六吉星相輔，可掌權，做管理階級的人物。有祿存同宮的人，富貴較大。有擎羊同宮，為『刑囚夾印』，小心官司。再有天姚、沐浴等桃花星同宮者，必有桃花官司。廉相坐命的人，公職較好，沒有煞星，一生平順。

廉貞、天相

入兄弟宮：有兄弟二人，感情尚好，但不得力。

入夫妻宮：配偶的能力很強，沒有煞星同宮或照會，婚姻美滿。有煞星來會，婚姻波折多。

入子女宮：有子女二人，感情平淡。

入財帛宮：一板一眼的賺錢，辛勞積蓄而得大財富。

入疾厄宮：注意消化系統的毛病。有羊陀火鈴，會有糖尿病。

入遷移宮：辛勤勞碌、一生平順。有羊陀、火鈴同宮，是非糾紛頻繁。

入僕役宮：朋友、屬下雖體面，但不得力。

入官祿宮：運用智慧，可得高職位與高收入。

入田宅宮：年輕時，得不到房地產。年老時才能賺到。有羊陀、火鈴、劫空同宮，則終身無房地產。

入福德宮：一生辛勞，年老時可享福。

入父母宮：年輕時讓父母操心，與父母緣份尚好。父母爲個性剛直、勤奮的人。

廉貞、天府同坐命宮的人

廉貞、天府，必於辰、戌二宮同宮。廉府坐命的人，較圓滑，外交能力強，節儉成性。若有六吉星同宮或會照，博學多才，從公職可至機關首長。廉府坐命的人，感情問題多不順利，會晚婚。

廉貞、天府

入兄弟宮：有兄弟三人，感情不錯，但兄弟小氣不得力。

入夫妻宮：夫妻感情好，交際應酬多，有相同的興趣。若有昌曲同宮，會因配偶致富。若有左輔、右弼同宮，會再婚。

入子女宮：有子女三人。子女為富有之人，但彼此感情淡薄。

入財帛宮：因精於計算而得大財富。

入疾厄宮：健康良好，無大病災，有煞星同宮，有牙病和嘴角潰爛的毛病。

入遷移宮：到他鄉求財，可得大財富，熱鬧中求取，財富更多。

入僕役宮：朋友、屬下很多，要小心應付才能成為得力之人。

入官祿宮：運用人緣，得財較多，職位也較高。事業上是個富多貴少的狀況。

入田宅宮：家中有現成的家業給你守成。你只要把家業發揚光大即可。

入福德宮：是個喜愛忙中享樂的人，一生較重視物質享受。操勞也是為了享受之故。

入父母宮：自小讓父母操心，父母富有，給你很多金錢物質的資助。

廉貞、七殺坐命的人

廉貞、七殺必在丑、未二宮同宮。廉殺坐命的人，很有衝勁、且會吃苦，擅理財，注重物質和精神享受。

廉殺坐命，若不加煞星爲『雄宿朝元』格，富貴大，且聲名好。

廉殺坐命的人，有才幹，事業發展有表現，但有擎羊、化忌同宮或照會，三重逢合，有路上埋屍之憂。

廉貞、七殺

入兄弟宮：兄弟只有一人，感情不和，常吵架、打架。

入夫妻宮：夫妻不和，會離婚。

入子女宮：至多有子女一人，與父母無緣，感情不睦。

入財帛宮：十分打拚，辛勞而生財，在鬧地可發財。

入疾厄宮：小心眼疾。有羊陀、火鈴同宮，有手足傷殘之憂。

入遷移宮：外界的環境險惡，必須勞心勞力去生財，才能得到財富。
入僕役宮：朋友及屬下都較凶惡，且會背叛、陷害自己。
入官祿宮：軍旅出身，可至高位。
入田宅宮：祖產會帶來惡運，讓你對房地產厭惡，但自置便無此困擾。
入福德宮：日夜奔波勞碌，無福可享。
入父母宮：年幼讓父母操心，且會父母不全。

廉貞、破軍坐命的人

廉貞、破軍必在卯、酉同宮入命宮。廉破坐命的人，幼年時體弱多病，與父母緣淺。廉破坐命者很能吃苦耐勞，背井離鄉，必定白手成家。平常話少，但口才好，有時話語較狂妄。爲人衝動。不宜經商，因破耗較多。宜武職。若有煞星同宮，可爲公門胥吏。有羊陀同宮，會有殘疾與官非鬥爭激烈，與黑道有關。廉破與火星同宮居陷者，會自縊投河。

廉破坐命者，才幹很強，但與人寡合，心情鬱悶，是個愛獨自打拚的人。

廉貞、破軍

入兄弟宮：有兄弟一人。會因兄弟而受累，兄弟不和。

入夫妻宮：有與人同居或更換配偶多次的紀錄。

入子女宮：有子女一人，親子關係惡劣。

入財帛宮：終生勞碌奔波，為財奔忙，財運欠佳。

入疾厄宮：呼吸系統較弱。有羊陀、火鈴同宮，手足傷殘。

入遷移宮：到外地打拚吉利，但一生勞心勞力，辛苦打拚不能休息。

入僕役宮：朋友、部屬皆不可信賴，無法擁有知己好友。

入官祿宮：從武職較好。事業起伏不定，生活也不穩定。

入田宅宮：田宅沖破，沒有房地產。

入福德宮：一生勞碌，勞心勞力過日子，老年貧困度日。

入父母宮：早年即剋害父母，或失去他們。

七、天府星

天府星獨坐命宮的人

天府星獨坐命宮的人，為財庫星坐命。面色白，相貌清奇，個性溫和，多才能、是忠厚老實的人，一生順遂富裕，善理財，但對錢吝嗇。做事按步就班，喜愛操心、愛管事。有六吉星同宮或照會，可任職財經首長。

天府在丑、未宮坐命的人

天府在丑、未宮坐命，對宮有廉貞、七殺的影響，較辛苦勞碌，保守孤立。若有日月夾命或夾財，可得大富貴。

有六吉星同宮或照會，讀書考試有佳運。若有羊陀、火鈴照會或同宮，其人奸詐。『因財被劫』的關係。

天府坐命卯、酉宮的人

天府坐命在卯、酉宮的人，有領導才幹，喜忙碌，且重物質享受，有六吉星同宮，既富且貴，事業高超。有煞星同宮，成就稍遜，且奸詐。

天府坐命巳、亥宮的人

天府坐命巳、亥宮的人，因對宮有紫微、七殺的影響，很會打拚，亦會理財，一生順遂，公職好。

天府星

入兄弟宮：有兄弟四、五人。感情親密。兄弟能在物質上資助你。

入夫妻宮：夫妻感情深厚。配偶能幹，婚姻生活美滿。有煞星同宮，會因配偶忙碌而不和。

入子女宮：有子女四、五人，子女聰敏，溫柔和順。子女將來的成就財力極佳。

入財帛宮：一生財富多，擅理財，為富格。

入疾厄宮：一生健康。

入遷移宮：外面的環境即是你的財庫，且多貴人助你生財，一生順利。

入僕役宮：有極佳之人際關係，受人愛戴而對你盡忠。

入官祿宮：能得高職位與高收入，在財經機關，可任首長職位。

入田宅宮：天府為田宅主，故房地產多。能繼承祖產再加上自置的房地產，很會理財，故愈來愈多。

入福德宮：喜愛物質享受。財多也可供你享受。

入父母宮：父母為高收入者，在財物上常資助你，你與父母也情感深厚。

【天府、武曲坐命的人，請看武曲星中武府坐命的部份】

【天府、廉貞坐命的人，請看廉貞星中廉府坐命的部份】

【天府、紫微坐命的人，請看紫微星中紫府坐命的部份】

八、太陰星

太陰獨坐命宮的人

太陰獨坐命宮的人，面色白潤、橢圓，五官柔美，個性溫和。外形文質彬彬、內心性急好動，疑心重。有感情困擾。夜生人較吉。太陰坐命者，幼年時剋母、中年時，男剋妻女，女子剋自己、老年時剋女。皆與女性家屬不和。但男子在外多艷遇，得女性朋友的喜愛。有羊刃同宮的人，心情沈悶會自殺。

太陰獨坐卯、酉宮的人

太陰坐命在卯宮的人，其對宮有天同陷落。會自小離家，在外創業，或過繼他人。若有文昌、文曲同宮，將從事命相業。有四殺星同宮，身體傷殘。

太陰坐命酉宮的人，因太陰居旺，三方照會有太陽星，財運富足，只有感情問題讓你煩惱。有六吉星同宮或照會的人，較有成就。

太陰獨坐辰、戌宮的人

太陰獨坐辰宮為陷落。較會剋女性直系親屬。因對宮的太陽宮也陷落的關係，一生財運起伏不定，老年生活困苦孤寡。

太陰坐命戌宮為居旺，對宮的太陽星也居旺，其人少年得志快樂一生，惟獨不利母親。有六吉星同宮或照會，財官雙美。

太陰獨坐巳、亥宮的人

太陰在巳宮獨坐為陷地，對宮天機星對其影響很大。幼年體弱多病，會失去父母，宜離家發展，做公教職。老年孤寡。太陰坐命巳宮的男子，有謀略、好酒、受異性歡迎。女子有感情問題，晚婚或不婚的狀況。

太陰在亥宮獨坐為居旺，是『月朗天門』格，利公職文職，財官雙美，文藝界有文名，有六吉星同宮者，早年即成功。有羊刃同宮者，心情抑悶易自殺。

太陰星

入兄弟宮：居旺有兄弟五人，情感深厚。居陷有兄弟三人，且不和睦。

入夫妻宮：配偶貌美。居旺時，夫妻感情好，且可有多財之妻。居陷者，夫妻感情欠和，配偶經濟情況欠佳。

入子女宮：居旺時有五人，子女和睦，女兒與你更貼心。居陷時，子女有三人，欠和睦，女兒與你相剋。

入財帛宮：居旺時，財旺積蓄多。居陷時，財運不佳，且耗財不聚財。

入疾厄宮：居旺時，健康。居陷時，女子容易傷殘。

入遷移宮：居旺時，到外地能遇貴人，而得名譽與地位、財富。居陷時，無財利且多是非災難。

入僕役宮：居旺時，有眾多好朋友與得力部屬可幫助你成大業，女性對你尤其有利。居陷時，很難找到知心朋友。

入宮祿宮：居旺時，做公職或大機構工作，職位與收入均高。居陷時，是薪水階級，辛苦勞碌，職位低、收入少。

入田宅宮：居旺時，田宅豐厚。居陷時，沒有房地產。

入福德宮：居旺時，一生富裕，生活悠閒舒適。居陷時，一生勞苦，為生活奔忙，老時困苦。

入父母宮：居旺時，受母親愛護較多，與母親感情親密。居陷時，剋母，與母無緣，或母早逝。

【太陰、天同坐命宮的人，請看天同星中同陰坐命的部份】

【太陰、太陽坐命宮的人，請看太陽星中日月坐命的部份】

【太陰、天機坐命宮的人，請看天機星中機陰坐命的部份】

九、貪狼星

貪狼獨坐命宮的人

貪狼星獨坐命宮的人，若居廟旺，身材高大強壯，較胖。居陷者，身材瘦小、聲音大。貪狼坐命者，有名士風格，好動、性格無常、多才多藝、博學少精。做事性急潦草馬虎。驛馬重，頭腦好、人緣好、從不得罪人、能言善道、慾望多、為人較自傲。

貪狼在子、午宮坐命的人

貪狼在子、午宮坐命，其對宮有紫微星，在外一切順利吉祥。其人口才佳、有文藝修養、做人圓滑。若有火星、鈴星同宮，會爆發偏財運，多得財富，有酒色傷身之憂。

貪狼在寅、申宮坐命的人

貪狼在寅、申宮坐命，其對宮為廉貞星，善於交際，對政治有興趣。若有陀羅同宮於申宮，從事『屠宰業』。若與陀羅同宮於寅宮，稱之『風流彩杖』，風流好色。若有火星、鈴星同宮或照會，會暴發財運，暴起暴落，有財不長久。

貪狼在辰、戌宮坐命的人

貪狼在辰、戌宮坐命，其對宮為武曲星，形成『武貪格』，會暴發財運，若有火星、鈴星同宮或照會，發富更鉅。貪狼坐命的人，一生的運程起伏很大，是大起大落型。有羊、陀在命宮或對照的人，為破格，發富較小。

貪狼星

入兄弟宮：居旺時，有兄弟二人，感情不佳。落陷時，有同父異母的兄弟，會因兄弟而遭災。

入夫妻宮：會多次更換配偶。

入子女宮：居旺時有二人，陷落有一人。子女反抗心強，不好教育，讓自己煩惱。

入財帛宮：居旺時，會暴發財運，成為暴發戶，有暴起暴落的狀況。有火星、鈴星、武曲同宮或相照，橫發財富更多。落陷時，財富不多，且不聚財。

入疾厄宮：健康少災。陷地注意關節炎。

入遷移宮：在外奔波勞苦，有好運，鬧地可得大財富。

入僕役宮：常和朋友及屬下衝突，而容易受其連累而遭災。

入官祿宮：武職較吉，有突發好運而升官。

入田宅宮：與房地產的緣份淺，居旺時，尚且可自置一戶。居陷地，毫無產業。

入福德宮：一生不能安於現狀，對一切事物貪求過多，故身心不寧，無法享福。

入父母宮：與父母無緣，不是感情不佳，就是過繼為別人養子。父母為高傲，唯我獨尊之人。

【貪狼、武曲坐命宮的人，請看武曲星中武貪坐命的部份】

【貪狼、廉貞坐命宮的人，請看廉貞星中廉貪坐命的部份】

【貪狼、紫微坐命宮的人，請看紫微星中紫貪坐命的部份】

十、巨門星

巨門獨坐命宮的人

巨門獨坐命宮的人，居旺時，身材高大。居陷時，身材瘦小。巨門坐命者，嘴大，喜口舌便佞，一生多招是非、個性多疑、做事反覆。幼年坎坷、與人寡合、多勞碌奔波。是個多學少精之人，巨門居旺坐命者，可做民意代表、教師、推銷員。

巨門在子、午坐命為獨坐，對宮有天機星相照。若再有祿、權、科照會，則為『石中隱玉』格，既富且貴。若有羊、陀二星同宮，三合湊殺，必有火厄。

巨門在辰、戌二宮坐命的人

巨門在辰、戌二宮坐命，為陷落，其對宮的天同也居平陷之位，一生多招是非，生活辛勞異常。坐命戌宮者較吉，財帛宮有太陽居旺，財富較多，事業也較有表現。巨門在辰、戌二宮坐命者若再有火、鈴同宮，逢惡限為『巨逢四殺』，有死在外道之象。三合湊殺，會遭火厄。

巨門在巳、亥二宮坐命的人

巨門在巳、亥二宮坐命，其對宮為太陽星。幼年易遭遺棄，命運乖桀。巨門在亥宮者，對宮太陽在巳宮居旺，一生運氣較好。巨門在巳宮，對宮的太陽陷落，一生的運程較差。有桃花星與六吉星同宮，可在演藝圈享盛名。但也要小心火鈴二星同宮時，三合湊殺的火災問題。

巨門星

入兄弟宮：居旺時，有兄弟二人。居陷時，為同父異母的兄弟，兄弟不和，是非爭吵多。

入夫妻宮：男子會娶開朗豪放之妻。女子會嫁個性乖僻善妒之夫。夫妻間的糾紛多，吵架無寧日。

巨門獨坐在命宮的人

入子女宮：居旺時有子女二人。有天空、地劫則無子。子女不好教育，反抗心強，且口舌厲害。子女與父母間也是非多。

入財帛宮：居旺時，白手生財，靠口才賺錢，鬧地得財。陷落時，勞碌生財且財利少。一生在是非中求財。

入疾厄宮：年幼時有膿血之症。巨門居子時有胃疾。

入遷移宮：一生奔波勞碌，不能過安定生活，居陷地時，與黑道有關。

入僕役宮：根本交不到知心朋友。自己的朋友中多是心術不正，陰險奸詐的人。部屬也多是陽奉陰違之人。

入官祿宮：居廟旺時，武職佳或用口才工作者佳。居陷時，職業低下，是非多。若有羊陀、火鈴、劫空同宮，會因失職而惹官非。且工作場所為是非之地。落陷時，常與黑道有關。

入田宅宮：居旺時，財庫豐滿，房地產多。落陷時，敗財、耗財，沒有房地產。且常因房地產的事情糾紛不斷。

入福德宮：一生勞碌，享不到福。陷落時，老年困苦。

入父母宮：居旺時，父母間關係淡薄，而影響到你。居陷時，與父母不和。你的父母可能為養父母。父母皆為嚴苛之人。

【巨門、天同坐命宮的人，請看天同星中同巨坐命的部份】

【巨門、天機坐命宮的人，請看天機星中機巨坐命的部份】

【巨門、太陽坐命宮的人，請看太陽星中陽巨坐命的部份】

十一、天相星

天相星獨坐命宮的人

天相坐命的人，相貌敦厚，個性溫和，誠實穩重，勤勞有正義感。居旺時，身材肥胖高大，居陷時，身材瘦小。一生豐衣足食，居家多財數，是財官雙美的人。

天相坐命的人，有左右來照會，可掌大權。有羊陀同宮為巧藝之人。有火、鈴同宮有殘疾、破相。

天相在丑、未二宮坐命的人

天相在丑、未宮獨坐命宮，其對宮為紫微、破軍，因此其人很能刻苦耐勞，努力求上進，有六吉星同宮，財官雙美。有煞星同宮，成就較差。有天空、地劫同宮，不宜經商，有羊、陀同宮，破相，性格較奸詐。

天相在卯、酉二宮坐命的人

天相在卯、酉宮獨坐命宮，其對宮為廉貞、破軍。其人擅理財，而個性保守，宜公職或財經工作。若有羊、陀同宮，有巧藝安身。有火、鈴同宮，殘疾之人。

天相在巳、亥二宮坐命的人

天相在巳、亥宮獨坐命宮，其對宮為武曲、破軍。其人擅理財，且注重生活享受，宜公教職，配偶能幹。天相為福星，因此不喜天空、地劫同入命宮，亦不喜化忌在對宮相照，人生命程會變得艱困，且感情波折多。

天相星

入兄弟宮：居旺有兄弟四人，落陷加煞星無兄弟。兄弟溫和，值得信賴，且肯為你賣命。居陷時，兄弟溫和但不得力。

入夫妻宮：配偶外貌端正、個性溫和、夫妻感情深厚。居陷時，配偶不得力。

入子女宮：居旺無煞星，可有二子，子女成就好，彼此和睦。居陷子女少，成就平凡。

入財帛宮：居旺時，財富多不勝數。居陷，生活平順小康。有四煞及空劫、化忌同宮或相照，財富不穩定、不聚財。

入疾厄宮：居旺，一生健康良好，小心皮膚病，臉面黃腫、血氣病等小毛病。居陷加羊陀、火鈴有殘疾。

入遷移宮：離家到外地貴人多，辛勤努力可有大發展。居陷時較辛勞而已。

入僕役宮：朋友、屬下皆是溫和勤勞之人。居旺時，朋友及屬下會賣力為你工作。居陷時，其賣力的程度打折。

入官祿宮：居廟旺時，辛勤努力的成果很好，公職可做高官，收入也高。居陷時，更加辛勞，但職位收入起伏不定。

入田宅宮：居旺時，繼承祖產很多，自己也很會管理，房地產愈來愈多。居陷時，祖產少，要自己辛苦打拼才會有房地產。

入福德宮：居旺時，財運與享受都好，一生快樂安逸。居陷時，仍是愛享受的人，但較辛勤勞碌。不論旺弱皆是愛時髦，追求時新，知足常樂的人。

入父母宮：居旺時，父母身材較胖大，與父母緣深，父母是品格高尚的人。陷落時，父母身材瘦小、較愛嘮叨。與子女仍是緣深感情好。

【天相、廉貞坐命宮的人，請看廉貞星中廉相坐命的部份】

【天相、武曲坐命宮的人，請看武曲星中武相坐命的部份】

【天相、紫微坐命宮的人，請看紫微星中紫相坐命的部份】

十二、天梁星

天梁星獨坐命宮的人

天梁星獨坐命宮的人，面貌清秀、聰明、外表厚重耿直。和善而好施，故愛管別人的閒事，自家的事卻不愛管。秉性正直、固執、自負而有些霸道。喜歡照顧別人，但私心較重，只照顧自己人。

天梁坐命的人，極有辯才。有正桃花（人緣桃花）。有父母蔭、貴人運相扶持。也是極有名士風度的人。天梁坐命的人有機謀、臨事果決、愛競爭。若與太陽、文昌、祿存或化祿同宮或相照，或在四方三合照守為『陽梁昌祿』格，利於考試和升官，是屬貴的格局。若與天同、太陰、天機同宮或相照，為『機月同梁』格，一生從事公職有大發展。

天梁在子、午宮獨坐命的人

天梁在子、午宮坐命為入廟，其對宮為太陽星，故為『壽星入廟』格。

天梁在子宮坐命比在午宮坐命為好，因對宮的太陽會居旺，比較不會遇到在某些流年中，在男人的圈子裡遭排擠與打壓的狀況。天梁坐命子、午宮的人，若有祿星（祿存或化祿）及六吉星同宮或照會，是既富且貴的人。若有祿星與文昌同宮或照會的人，是考試第一名的人。天梁與祿、權、科同宮皆有大富貴。若有煞星同宮則平凡。

天梁在丑、未宮坐命宮的人

天梁在丑、未宮獨坐命宮，雖居旺，但對宮有陷落的天機星，雖然也是有福有壽，但是外界的環境一直不太好，任公教職較平順，一生也有暴發運，但走到天機陷落的運程時，事業和財運都是有起伏的。

天梁在巳、亥宮坐命宮的人

天梁在巳、亥宮獨坐命宮為陷落，其對宮為廟旺的天同星。福星居旺的時候，人會好逸惡勞。天梁在巳、亥坐命的人，為漂泊之命，人喜歡遊蕩，終生不能安定。故從事航海、貿易、藝術家在世界各國奔走的行業最適合了。

天梁星

入兄弟宮：居旺時有兄弟二人，關係親蜜。若有二人以上，則為同父不同母之兄弟，且關係不和。居陷時無兄弟。

入夫妻宮：配偶美貌。且妻的年紀大於夫。居旺時，夫妻恩愛。居陷時有磨擦。

入子女宮：居旺時有子女二人，子女孝順溫和。女兒多且優秀。居陷時，只有一人，子女仍乖巧，但與父母的親密度，沒有居旺時好。

入財帛宮：居旺時，因貴而發富。賺錢的方式很清高。居陷時，辛勞苦志去求財，但財少。

入疾厄宮：一生健康。在巳、亥宮，血液中有雜質。

入遷移宮：居旺時，一生都有貴人相助，升官發財都吉利。居陷時，貴人少，流浪勞碌過一生。

入僕役宮：居旺時，擁有大批的好朋友與得力高手，幫助自己的事業。居陷時，好朋友與得力助手少。

入官祿宮：在子、午宮可居高位，並具有高收入。其他宮位運程較次。在巳、亥宮，職業不穩定。

入田宅宮：居旺時，有祖業且自置豐厚。居陷時，不動產少或無。

入福德宮：居旺時，一生享福，可過閒雲野鶴的生活。居陷時，勞碌過一生。

入父母宮：居旺時，父母長壽，與父母緣深，感情親密。居陷時，緣份欠佳。若再有羊陀、火鈴同宮，會離祖爲他人養大，或入贅別姓。

【天梁、天同坐命宮的人，請看天同星中同梁坐命的部份】

【天梁、天機坐命宮的人，請看天機星中機梁坐命的部份】

【天梁、太陽坐命宮的人，請看太陽星中陽梁坐命的部份】

十三、七殺星

七殺獨坐命宮的人

七殺獨坐命宮的人，個子不高，眼大性急，有威嚴。七殺居旺時，人較壯。居陷時，瘦弱有傷殘，或是臉微痲。個性多疑，喜怒無常。年少時較坎坷，身體常有毛病。也容易受傷。但能吃苦耐勞、好爭鬥。必須辛苦打拼，才能賺得到錢。

七殺坐命的人，喜歡獨當一面，不喜管束。很愛冒險、聰明而有魄力，勇於承擔責任、速戰速決、感情總是不利，也是由於六親緣薄的關係。

七殺獨坐子、午宮的人

七殺在子、午宮坐命時為居旺，因其對宮有武曲、天府相照，皆在旺位，故其能力與個性都強。不論有無六吉星的照會，甚至有煞星照會的人，都可從公職大有表現。如有天刑、擎羊同宮或照會的人，可為有名的外科醫生或牙醫。有祿星或權星同宮者，在財經機關或技術性工作可任高官。

七殺獨坐寅、申宮的人

七殺在寅、申宮坐命為居廟，其對宮有紫微、天府星相照，一生境遇既貴且富。七殺在寅宮為『七殺仰斗』格，在申宮為『七殺朝斗』格，是財官雙美的格局。

七殺獨坐辰、戌宮的人

七殺在辰、戌宮坐命為入廟。對宮為廉貞、天府相照。一生的運程，從官職較累，會歷盡艱辛才能成功。若從財富較易。不過七殺坐命的人，必是擁有極力打拼的精神的人。若有廉貞化忌相照，則有官符和感情問題，流年不利都會展現出來。

七殺星

入兄弟宮：有兄弟三人，兄弟不和睦。

入夫妻宮：婚姻不利，須聚少離多較安泰。

入子女宮：最多只有一子。有煞星同宮為無子。兒子為敗家不成器，凶悍之子。

入財帛宮：居旺時，會暴發錢財。居平時，辛苦勞碌去賺錢。

入疾厄宮：幼年多病不好養。有消化系統腸炎等病症。

入遷移宮：一生勞碌奔波，離家在外，辛苦打拼的過日子。

入僕役宮：朋友運差，朋友及屬下皆凶惡之人，會背信棄義偷你的財物。要小心。

入官祿宮：居廟旺，武職可做高位掌大權。居平時，工作是非常辛勞的工作。

入田宅宮：居旺時，可繼承到房地產。努力打拼也可自置。居平時房地產少。

入福德宮：居旺時，辛勞會有代價。居平時或加煞星多時，一生勞碌，辛苦沒有成果，也得不到享受。

入父母宮：與父母感情惡劣，有剋害，且有無父或無母的狀況。

【七殺、廉貞坐命宮的人，請看廉貞星中廉殺坐命的部份】

【七殺、武曲坐命宮的人，請看武曲星中武殺坐命的部份】

【七殺、紫微坐命宮的人，請看紫微星中紫殺坐命的部份】

十四、破軍星

破軍獨坐命宮的人

破軍獨坐命宮的人，為五短身材、肩背厚、有腰或肩斜的現象。破軍居旺時，人體格較壯。居陷時瘦高，有破面或麻面、與人寡合、愛損人的習性。

破軍獨坐命宮的人，個性多疑、反覆不定、難以捉摸。敢愛敢恨、私心與記恨心都很重。破軍為耗星，必破相，且有浪費、耗財的現象。

破軍坐命的人，一生大起大落，人生的轉變很大。很喜歡打拼及創業，一生都是開創的格局。在事業上也是須先破而後成功。要中年以後事業才會穩定。破軍如與文昌、文曲同宮，雖居廟旺，亦是富屋窮人。

破軍獨坐子、午宮的人

破軍在子、午宮坐命為居廟地，有化權、化祿同宮的人為『英星入廟』格，有高官厚祿。破軍在子、午宮，對宮有廉貞、天相相照，一生倒也平順。但廉貞如逢化忌，再有煞星同宮，則會有官禍災難。此二宮也忌與昌曲同宮或照照，主貧。

破軍獨坐寅、申宮的人

破軍在寅、申宮為得地。其對宮有武曲、天相照會，受其影響，較不易與人相處，須到外地發展較好。有祿星、權星同宮或照會的人，也會財官雙美。有羊陀同宮，有殘疾。有昌曲同宮、人好享受且好色，但財運甚差，一生沒有長處。女命破軍，在申宮者，再有陀羅、火鈴、化忌同宮或相照者從事賤業。

破軍獨坐辰、戌宮的人

破軍在辰、戌宮為居旺，對宮有紫微、天相照會。其人格調較高，喜愛藝術。從武職或打拼行業極佳，文職及其他的靜態行業不是做不長久，就是沒有發展。破軍坐命辰戌宮的人，一生順遂，命程中雖有起伏，但困難較小。

但破軍坐命辰、戌宮，若有火星、鈴星同宮，一生勞碌、官非鬥爭，與黑道有關。若有羊陀同宮，有殘疾之象。有左輔、右弼同宮，掌權掌財富。

破軍星

入兄弟宮：居旺時有兄弟三人，居陷時無兄弟。兄弟感情不佳。

入夫妻宮：配偶的個性強，相互剋害，有多次更換配偶或配偶早逝的情況，配偶也多是離過婚的人。

入子女宮：居旺時有子女三人，落陷時一人或無。親子關係惡劣，子女年少時即會離家，你會在子女身上花費很多的錢財。

入財帛宮：居旺時，賺錢容易且財富多。居陷時，窮困而敗財、耗財多。流年遇之皆花費多。

入疾厄宮：幼年時易患皮膚或膿血腫大的病症。且要注意肺部、氣管發炎。

入遷移宮：到外地打拼會發達。居陷時，一生辛勞不安定。且在外易受傷、破耗多。在外也易遭血光傷災。

入僕役宮：你的朋友與部屬皆需花費你龐大的代價而為你效命。但居陷時，再如何以利相誘，最後他們仍是起先表面應和，而暗地裡背叛，和你成為大仇敵。

入官祿宮：居廟旺，武職能坐高位。居陷時，為低下之人。

入田宅宮：居旺時，還有得祖產及房地產的機會，但起伏不定，耗敗多。陷地，根本沒有房地產。若有昌曲同宮，為家庭貧困之人。

入福德宮：一生勞苦，無法享福。居陷時短命。個性十分嚴謹，不能放鬆自己。若有昌曲與破軍同宮，更為富屋貧人，身體差。

入父母宮：父母感情不佳，與你也緣薄，也可能會失去其中一位，即早離家

破軍坐在命宮的人

可免刑剋。

【破軍、紫微坐命宮的人，請看紫微星中紫破坐命的部份】

【破軍、廉貞坐命宮的人，請看廉貞星中廉破坐命的部份】

【破軍、武曲坐命宮的人，請看武曲星中武破坐命的部份】

十五、祿存星

祿存星獨坐命宮的人

祿存星因在十二宮皆旺位，故與其他主星同宮時皆以吉論，可增加其他主星的財緣、人緣。如太陽星剋父，太陰星剋母，祿存可化減其刑剋。但祿存星獨坐命宮時，情況便不一樣了。

祿存獨坐命宮的人，瘦高身材、面色發白，若對宮相照的主星居陷，則有微痲或傷殘。個性也會孤獨刻薄。是名符其實的『守財奴』。

因祿存獨坐命宮時，前後必有羊陀相夾，會一生受人欺侮，命格不高。且有有改姓他養之命。若有化忌星同宮或相照，為『羊陀夾忌』，萬事不吉，三重逢合，且有性命之憂。若有天空、地劫在命宮與祿存同宮，亦是『半空折翅』，早夭之命。

祿存坐命，若在三合處有化祿，即為『雙祿朝垣』格，為億萬富翁之命格，人緣也會較好，孤剋較不嚴重。若有天馬同在命宮者，為『祿馬交馳』，須不加煞星，到外地會升官發財還鄉。有文曲同宮和文昌照會的，稱之為『祿文拱命』，有大富貴。

祿存星

入兄弟宮：無兄弟。

入夫妻宮：配偶多財且精打細算，是個小氣厲害的角色。

入子女宮：無子女，主孤或有養子女一人，身體差。與其他星同宮在子女宮者，有子女一人。

入財帛宮：一生辛苦賺錢，財多卻吝嗇。對錢很保守，自己也不捨得享用，但卻一直拼命的去賺錢。

入疾厄宮：年幼時多病。有吉星同宮時健康較好。若有火鈴同宮，四肢有殘障。

入遷移宮：到外地辛苦而能得財富。若有火鈴、劫空同宮，會與人不和，而份外辛苦。

入僕役宮：有得力的朋友與屬下來幫助自己。有殺破、火鈴、劫空等星同宮，有不忠不義的朋友、部屬。

入官祿宮：職業以財富為重，可賺很多錢財。有火鈴同宮則職位低、人緣差。

入田宅宮：能繼承眾多祖產，自己會繼續添購房地產，富甲一方。

入福德宮：有人緣能享福，自己很快樂，但終究有些吝嗇，讓人很頭痛。

入父母宮：父母會提供優厚的物質支援，一生都受其照顧。父母對你比你對他們好得多。父母付出較大。有火鈴、劫空同宮時，年幼時即讓父母破財，且與父母有代溝，長大自立以後較好。

三分鐘算出紫微斗數

十六、六吉星（文昌、文曲、天魁、天鉞、左輔、右弼）

文昌獨坐命宮的人

文昌獨坐命宮的人，眉清目秀，中高身材，瘦型，中年以後稍胖。舉止儒雅，頭腦精明，會精打細算。大多數的人認為文昌坐命的人，定會唸書，其實不然，很多文昌命坐的人，學歷都不高。他們倒是很精於數字的計算，對於財富與價值觀較重視。

文昌坐命的人，個性較耿直孤僻，人緣也不算好，尤其兄弟宮與僕役宮不好的人更甚！因此文昌坐命的人，在事業上起步較困難，需經歷困難才會轉好。文昌居陷再加煞星照會，性格較奸詐，必為巧藝之人。而且帶疾延年不長壽。

女命不喜文昌坐命，縱使居廟位，加吉星，雖有富貴卻無福壽，婚姻也不全美。若居陷地，對宮再有廉貞、擎羊、火星相照，為娼妓之命。

文昌為時系星，故文昌坐命的人。性子很急，凡事都不長久，速戰速決，只重視眼前的利益。個性上較勢利。

文昌坐命的人，在四方三合處有太陽、天梁、祿星者，為『陽梁昌祿』格，利於讀書、升官，較有成就。若與貪狼同宮，會政事顛倒，是個貪官污吏。與破軍同宮，主貧困與水厄。

文昌星

入兄弟宮：有兄弟三人，居旺時，教養好，感情親密，能互相幫助。

入夫妻宮：配偶知識水準高。若有火鈴同宮或文昌陷落，配偶的知識水準低，且夫妻不和，若與破軍同宮或相照，配偶辛苦勞碌，生活不富裕。

入子女宮：有子女三人。子女求知慾旺盛，若陷落或有煞星同宮，只有一子。子女外表、個性粗暴、粗俗。

入財帛宮：居旺時，財富累積很多，賺錢的方式很文雅、從文職佳。自己也很精明。居陷時，人不精明，對錢較不會處理。

入疾厄宮：健康少災。小心大腸的毛病。

文昌星坐在命宮的人

入遷移宮：居旺時，到外面貴人多。且所遇之環境皆是高雅的場所。貴人也是權高位大之人。居陷或有化忌時，環境不佳，且有是非混亂。

入僕役宮：居旺時，有許多好朋友及部屬，他們也都是品德高尚的人。居陷時，朋友屬下皆不得力。有煞星同宮，多是無情無義的朋友和屬下。

入官祿宮：居旺時，再有祿、權、科同宮，文武職都有高官厚祿。陷地為不材之人，平凡一生。

入田宅宮：居旺時，祖產與自置的產業都多。陷地與煞星同宮時，敗壞祖產，使之變賣殆盡。

入福德宮：居旺時，福祿全修，快樂一生。居陷，性格粗俗。與羊陀、火鈴、劫空同宮，為一寒儒。

入父母宮：居旺時，與父母緣深，其父母為對學問藝術熱愛之人。居陷或與羊陀、火鈴、劫空同宮，父母身體不好，或為他人養子，父母修養不高。

文曲獨坐命宮的人

文曲單星坐命的人，為中等身材，臉上有痣，三十歲以前身瘦，三十歲以後壯。個性略帶孤僻，但口才好，有舞蹈、旋律方面的才華。

文曲坐命與在身宮者，桃花重，尤其照會太陽、巨門時為『桃花滾浪』格，桃花的糾紛不斷。女命有此星坐命，被認為有水性楊花的習性。

文曲坐命時，也是聰明幹練的人才，對錢財精明，精打細算，但常為桃花破耗而無悔。文曲若為煞星相冲，會為便佞的小人。遇羊陀、火鈴時，更是虛偽奸詐。如有化忌同宮時，言語乏味多廢話，桃花纏身惹官非。

文曲也是時系星，縱有成就不耐久。文曲又是桃花星，因桃花的關係，減損了文曲本身的幹練能力。因此在主貴方面較力不從心。

文曲星

入兄弟宮：居旺時三人，兄弟感情好、口才佳。居陷時，兄弟無緣，似有若無，孤單。

入夫妻宮：居旺時，夫妻感情好，可白頭偕老。若文昌、文曲、天機、太陰四顆星同宮，男子主妻妾多。女子主多次再嫁。

入子女宮：子女二、三人。子女口才好，貌美多才華。居旺時，與父母感情深厚，落陷時平淡。

入財帛宮：居旺，一生財多遂意而富足，並有貴人助其生財。居陷時破耗多。

入疾厄宮：一生健康。有羊陀、火鈴、劫空同宮時，病災有起伏。

入遷移宮：一生在外貴人多，且能助你生財。有羊陀、劫空，劫財與耗財多。

入僕役宮：居廟時，朋友、部屬都很好。居陷時，朋友及部屬都無情無義。

入官祿宮：居旺時，職位與收入皆好。居陷時要從公職，財運才會穩當。

入田宅宮：居旺時可守住祖業來發展。居陷時耗敗祖業。

入福德宮：居旺時，為享福快樂的人，為一擁有藝術方面興趣的人。居陷時，勞碌過日子，不善言談。

入父母宮：居旺時，父母很講究情趣，懂得生活，子女受其照顧很深。若有羊陀、火鈴、劫空同宮，父母會不全。居陷時，與父母不和。

左輔星獨坐命宮的人

左輔星獨坐命宮的人，個性溫厚，態度端莊，風流瀟灑，有上進心。多為庶出或他人養大，本命較不強。

左輔坐命的人，若有紫府、權、祿三合拱照，富貴一品。若有廉貞、擎羊同宮，會惹官禍，做盜賊而傷殘或夭折或入獄。有天府同宮於辰戌二宮，位高權大。有文昌同宮，再有吉星拱照，有文名。

左輔星

入兄弟宮：有兄弟三人，彼此相處和睦。有羊陀、火鈴、劫空、兄弟不和。

入夫妻宮：配偶對自己有助力，且能同心協力開創家業，但仍會二度婚姻。

入子女宮：有三男一女，子女乖巧。與煞星同宮有二人。子女凶暴不成材。

入財帛宮：有貴人相助生財，財多遂意，一生富足。有羊陀、火鈴、劫空、化忌同宮，財運不順，不聚財。

入疾厄宮：健康好。脾胃較弱。

入遷移宮：一生在外，主動中有貴人相助，可發達發福。有羊陀、火鈴同宮，有血光，是非麻煩。

入僕役宮：有得力助手和朋友相助而成功。有煞星同宮，朋友們多為不義之人。

入官祿宮：武職較佳，可扶搖直上高位寶座。

入田宅宮：有祖產可繼承。有煞星同宮，房地產少。

入福德宮：一生懂得生活，對生活很有計劃，可快樂的過安逸日子。

入父母宮：很能體諒父母，照顧家庭，既使由別人帶大，但仍會孝順自己的父母。父母是很忙碌的人。

右弼星獨坐命宮的人

右弼星獨坐命宮的人，相貌清秀溫厚，個性隨和而耿直，為人熱心，亦有同情心，很講義氣，喜幫助別人。

右弼坐命的人，身材嬌小，臉上有痣或斑。通文墨，是個小心謹慎很能幹的人。女命右弼的人，是個賢妻良母，害羞，膽小，愛幻想，喜愛家庭，對丈夫體貼。但不失孩子脾氣，把家庭佈置打理得很美麗舒適。

右弼坐命的人，若有紫府、昌曲等吉星照會，成就較大。若有廉貞、擎羊同宮，亦是做盜賊黑道，且身體易受傷殘廢。

右弼星

入兄弟宮：有兄弟三人，彼此和睦且能相助。

入夫妻宮：配偶對自己有助力，且能同心協力開創家業，但仍有二度婚姻。

入子女宮：有子女三人，和父母關係深厚。

入財帛宮：有貴人相助生財，一生富足。有羊陀、火鈴、劫空、化忌同宮，財運不佳且不聚財。

入疾厄宮：健康好。有上火下寒之症。

入遷移宮：有貴人在暗中幫忙，使你發財發福，有煞星同宮，是非多。

入僕役宮：朋友、部屬皆能幫忙，使你成大業。有煞星同宮、朋友部屬中較多不義之人。

入官祿宮：宜武職，有吉星相照，可作高官。有羊陀、火鈴、劫空等同宮，會遭指責而罷黜降職。

入田宅宮：能繼承祖產，使其豐厚。有煞星同宮，房地產少。

入福德宮：一生懂得生活，對生活計劃得很好，因此快樂安逸。
入父母宮：深受父母疼愛。有煞星同宮，會改姓。

天魁、天鉞坐命宮的人

天魁星主科甲，為天乙貴人，白天生的人為吉。天鉞星亦主科甲，為玉堂貴人，夜裡生的人為吉。

天魁坐命的人，喜歡暗中助人，富有同情心。天鉞坐命的男子有女性化的特徵。而天魁坐命的女子卻有男性化的傾向，天鉞坐命的人桃花重，容易陷於私情淫慾當中。因此天鉞有紅鸞同宮者，為糊塗桃花。

天魁坐命的人或天鉞坐命的人，若有昌曲、左右、日月在對宮或三合處照會，早年即可揚名，一生順遂，且有美貌賢德之妻。女子坐命天魁或天鉞者，可為貴婦。

流年、大限逢天魁、天鉞運程、升官發財、人人可喜。

天魁、天鉞

入兄弟宮：兄弟一、二人、兄弟中有顯貴之人。

入夫妻宮：配偶容貌美麗，有貴人相助。天鉞若再與桃花星同宮，感情問題複雜。

入子女宮：子女成就好。

入財帛宮：賺錢的方式很清高，一生富足。

入疾厄宮：健康。注意肝膽的毛病。

入遷移宮：出外有貴人相助。在外接近的人皆為主貴之人。

入僕役宮：會因朋友和部屬的幫助而提高地位。

入官祿宮：能得到上級的提拔而出人頭地。

入田宅宮：有祖產可守。

入福德宮：一生貴人多。天鉞的桃花重，故異性緣深，貴人也為異性，情感糾葛不斷。天魁較耿直正派，所遇之貴人亦是如此。

入父母宮：父母是富貴很大的人，你自小便在父母的庇蔭下生活。

三分鐘算出紫微斗數

十七、四化星

化權、化祿、化科、化忌坐命宮的人

化權坐命宮的人，若主星居旺化權，其人有權威，受人畏懼敬重。說話極有份量，尤其是巨門化權，吵架講理皆佔優勢，適合做民意代表、律師。若再有化祿、化科同宮或相照，是富貴極品的人。

化權坐命，主星居陷的人，則固執、霸道，會與人爭執磨擦，六親不合，成就也會不高。

化祿坐命的人，若是主星居旺，其人的財富多，且與人的緣份好，六親的關係也融洽。食祿好，貴人多。尤其是武曲化祿的人，較圓滑而不再剛直難相處。太陰化祿的人與母親的關係也較良好。主星落陷時，化祿星徒具形式，人緣稍好。

化科星坐命宮的人，主星居旺時，其人的氣質好，辦事能力較強，在考試，升官方面，也是有好運的。例如紫微化科，太陰化科，都會改變人的環境，使人更上層樓。

化忌星坐命宮的人，一生多招惹是非，與人寡合。一生的運程也不好，事業愛情都不順利，尤其有羊陀相夾的時候，再逢三合湊殺，有喪命的可能。但是如太陰化忌在亥宮，武曲化忌在巳宮，則是旺地化忌不忌。因亥宮、巳宮皆為長生之地的緣故，命理上稱為『變景』。但錢財不順仍是存在的事實。主星居陷化忌時，再加煞星，與六親的刑剋更重。是非更多。貧賤更甚。

化權、化祿、化科、化忌

入兄弟宮：化權：兄弟說話有份量，但兄弟固執會有爭執。

化祿：兄弟財運好，與你有緣，能在財物上資助你。

化科：兄弟是有氣質、有教養的人，能力很強，與你感情不錯，能互相幫忙。

化忌：兄弟常為你帶來麻煩。兄弟不和睦。

入夫妻宮：化權：配偶地位很高，很喜歡支配別人，但是你對他較有控制權。

你說的話，他縱使並不同意但依然會實行。他會聽命於你。

化祿：與配偶緣份較深。配偶是個會賺錢的人，或是本身家產豐厚的人。

化科：配偶的氣質較佳，外表長得很體面，生活和工作都接近文藝氣息，而且很能幹，有辦事的能耐。

化忌：夫妻間是非多、感情不睦，常有爭執、磨難的事情。

入子女宮：化權：對子女有控制權，你說的話，他會唯命是從。子女會對父母尊敬。太陽化權為兒子較聽話，太陰化權為女兒較聽話。

化祿：子女與你緣份深，感情好。而且帶財給你，將來也會奉養你錢財花用。太陽化祿，是兒子的緣份。太陰化祿是女兒的緣份。

化科：子女面貌美麗、文質彬彬，有教養、學養，功課比較好。

化忌：與子女不和，相剋，子女較不聽話。生兒子較難。亦會有不肖之子。

四化星坐在命宮的人

入財帛宮：化權：對錢財掌握有權。能賺到大錢，以及做財經首長的官職，或是在機關中掌握財經的部門任職。

化祿：一生富有多財，從不爲錢財發愁，也擅理財務，是最佳的主富格局。

化科：對財務問題很會打理，可做財務部門的工作，自己也會大進財。

化忌：一生財運上有波折，也不擅理財。因財務而起的是非與危機都很多。

入疾厄宮：化權：健康少災、肝較弱。

化祿：健康少災。脾胃較弱。

化科：健康少災。膀胱較弱。

化忌：腎較弱，男腎虧，女有婦女病。

入遷移宮：化權：在外受人尊重，凡事有決定權，但較易和人發生爭執。

化祿：在外容易生財，若是財星武曲化祿、太陰化祿，更是財富源源滾滾而來。

化科：在外萬事吉祥，有貴人相助，自己的辦事能力會提高。

化忌：在外不順，是非較多，血光、官禍也較多，要小心才好。

入僕役宮：化權：對朋友有權威，朋友、屬下都會聽命於你。他們會全力支持你成大業，是最好的老闆命格。

化祿：朋友、屬下都對你有情有義，他們也會幫助你生財，你的財富是由他們的努力賺來的。

化科：朋友、屬下的辦事效率好，能成就你的大事業，你與他們相處愉快。

化忌：朋友、與屬下間的是非較多，常帶給你困擾，你常因朋友、屬下而遭災受累。

入官祿宮：化權：事業上有掌控權，能登高位，收入也很高。

化祿：事業上得到的財富很多，配偶也是得力的生財幫手。

化科：文職可做高官，利文職，常因辦事能力強而受到佳評而升

四化星坐在命宮的人

化忌：一生的事業起伏不定，變化多端，是非、災禍也多。官。

入田宅宮：化權：在祖產上有控制權，且房地產愈來愈多。在家中也有權威。

化祿：祖產有份，房地產多不勝數。家中和諧。

化科：祖產有份，房地產有多棟。家中有文藝氣息。

化忌：與祖產緣薄，且因房地產會帶來是非或惡運。家中是非較多。

入福德宮：化權：一生較操勞，但也享受得到。不管在家中或外面，都是最有權利的人。

化祿：一生財多，享受好，人緣也好，是最具有福祿的人。

化科：一生是個有氣質、有知識的明白人，財祿享受都不錯。

化忌：一生內心都不得清閒，愛東想西想，自尋煩腦，有擎羊同宮或照會，會自殺。

入父母宮：化權：父母對你有控制權，你較會聽從父母的話，而不敢反抗。

化祿：父母與你有緣，且提供高的物質條件給你，並資助你較多的錢財，父母很有錢。

化科：父母是有氣質、有教養的人，而且與你緣份深厚，能教導你很多做人處世的道理。

化忌：與父母不和，與父母之間有問題存在。父母對你也有偏見，離家打拚較好，家中的是非會較少。

十八、六煞星（擎羊、陀羅、火星、鈴星、地劫、天空）

擎羊、陀羅坐命宮的人

擎羊星坐命宮的人，有中高身材，居旺較胖一點。居陷，則瘦。臉長尖型，成『羊』字。有傷殘或破相、麻臉和眇目的特徵。個性霸道剛強、極易衝動，愛計較，記恨心強，敏感而敢愛敢恨，常由愛生恨，而不改過。做事乾脆，常對自己親密的人反而成怨，對不熟悉的人較好。自小會離家，六親無依。擎羊坐命者，以辰、戌、丑、未宮為福。其餘宮位，再逢煞冲破，會傷殘，橫夭凶死、孤寡貧賤。

擎羊坐命的人，與同陰同宮於午宮，為『馬頭帶箭』格，會威鎮邊疆。與火星同宮居旺，會掌大權。與太陽、太陰同宮，男會剋妻，女會剋夫，且會有因心情鬱悶而自殺的狀況。與昌曲、左右同宮，有暗痣。與廉貞、巨門、火星同宮，有暗疾、傷殘、火厄、自裁的狀況。與陀羅、火鈴主腰背彎曲，貧賤之人。

陀羅星坐命宮的人，外形粗大，破相，唇齒有傷。一生波折很大，心情不能清靜，是非多，容易犯小人。幼年多災，有精神折磨，容易相信剛認識的人，容易被欺騙。但也多疑，自以為是，記恨心強。背井離鄉較有發展。

陀羅獨坐命宮的人，會改姓，巧藝謀生。居陷地時，與六親不和，且傷殘有暗疾。若在旺宮（辰、戌、丑、未宮）有福，武職能橫發，巧立功名。

擎羊、陀羅

入兄弟宮：居旺，有兄弟一人，居陷，無兄弟。兄弟相互剋害憎恨。

入夫妻宮：有剋害，配偶是使你痛苦磨難的人，也會影響到你的事業。

入子女宮：最多一人，子女讓你煩惱，是磨難你最多的人。

入財帛宮：居旺，要在鬧地賺錢得財。陷地，辛苦而賺不到錢，且不聚財。

入疾厄宮：幼年多災，傷痕遍身，四肢都有傷。破相可延壽。擎羊有四肢無力症。陀羅，有皮膚及口齒、頭面有傷。

入遷移宮：居旺時，外面的環境多凶險、競爭激烈、是非困厄。居陷時，辛苦奔波，一切有剋害而不順。在外多是非、血光、官禍、傷災。

入僕役宮：朋友、部下皆雞鳴狗盜之士，不忠不義之人，讓你常遭災禍。

入官祿宮：事業上有磨難，會不順利。因事業的關係又影響到夫妻的關係不好。

入田宅宮：房地產使你有磨難，讓你不能平靜生活，並因此而失去它。居陷時，耗財敗盡。

入福德宮：一生辛勞奔波，心情鬱悶不開朗，有精神磨難。

入父母宮：幼年即刑剋父母，父母身體不好，或父母早逝。或改姓為養子，也與養父母相剋不和睦。

火星、鈴星坐命宮的人

火星坐命的人，居旺，中等身材稍壯。居陷時，瘦小，有痲臉或傷殘。其面色發紅，頭髮也發紅。其個性愛爭強鬥勝、急躁不安、做事馬虎、講求效率、極愛辯，是個無法約束自己的人。一生較勞碌奔波。脾氣很快的發過便過去了，比較不記恨。

火星坐命的人，雖有刑剋六親的問題，但本身有偏財運，若再與貪狼或相照會，暴發財運更多，是富甲一方的人。但會暴起暴落。

鈴星坐命的人，眼睛圓，破相、面貌黃青色、下巴短、頰骨有軩有角、面型古怪、喜好投機、不行正道。伶俐有急智、膽大孤僻、心胸狹窄、不安現狀、好大喜功、為人較陰沈、做事常後悔、個性激烈。

鈴星坐命的人，有貪狼照會，也有暴發運，主富，但不耐久，要移往他人名下較可存留。

火星、鈴星

入兄弟宮：兄弟最多一人，居陷無兄弟，兄弟較陰險狡詐，不和睦。

入夫妻宮：配偶個性火爆，夫妻間常有爭執不和。

入子女宮：子女最多一人，居陷時或與天空、地劫同宮，無子。子女個性急躁，有急智，與父母不和。

六煞星坐在命宮的人

入財帛宮：有意外橫發之機會，與貪狼相照，發財更鉅，為一暴發戶，但要小心暴起暴落。

入疾厄宮：一生健康，有皮膚病。火星入宮有火傷、燙傷。鈴星入宮，有易患發炎、發燒的現象。

入遷移宮：在外勞碌不停，一生起伏大，有暴起暴落的現象。也多招是非、傷災。有火厄。

入僕役宮：朋友、屬下多為凶暴急躁之人，不易相處，也常被朋友背叛拖累。

入官祿宮：居旺，從武職可得高位，掌大權。陷地，一生勞碌、追求溫飽。

入田宅宮：祖業無存。居旺，會暴發財運再購置。居陷，貧困度日。家中有火厄。

入福德宮：一生心境不清閒，勞心勞力不能享福，為一個性急躁不安、脾氣不好的人。

入父母宮：居旺時，刑剋父母之一，其中必有一位身體不好。居陷時，再有煞星同宮，雙親早逝，改姓為他人養大。

地劫獨坐命宮的人

地劫坐獨命宮的人，臉頰較寬、額頭與下巴都很小，地劫獨坐命宮時較瘦，若無吉星相照，性格頑劣、喜投機取巧、喜怒無常、不行正道、喜邪僻之事。幼年坎坷、一生禍多吉少，遇流年佳者，也會成功，但不長久。天空、地劫同在命宮的人，再有羊陀夾忌，都是早夭之人。

地劫坐命的人，聰明點子多，靈感好，但吝嗇。財運常不好，敗財、耗財多。適合作科學家、作家、詩人等清高的職業。

天空獨坐命宮的人

天空獨坐命宮的人，頭腦聰明、富幻想。但做事不喜走正道，而常落空，成敗起伏大。一生都勞碌奔波，而破財、耗財多。若在命宮與地劫同宮主夭折。若天空在命宮，有羊陀相夾，亦是『半空折翅』，會早夭。必須於流年有難的時日，在寺廟中避災，或可躲過。

地劫、天空

入兄弟宮：兄弟少。兄弟為性格狂妄的人。
入夫妻宮：與配偶的感情逐漸變淡。若與煞星同宮，而無桃花星，將沒有戀愛機會，或是與異性結識的機會也少。
入子女宮：單星時，子女少或無。天空、地劫同宮或相照者無子。
入財帛宮：勞碌生財，但錢財總是不聚財，而且敗財、耗財太多，是非、官非招損等等，讓錢財像泡沫般消失了。
入疾厄宮：身體病弱。
入遷移宮：一生在外多遭是非而失敗。勞心勞力、心情不振作。
入僕役宮：常因朋友或部屬不義而遭災。
入官祿宮：事業不順利，有是非、小人糾纏，而致心願落空。
入田宅宮：家產耗敗，房地產全無。
入福德宮：一生勞心勞力，心情不平靜，煩悶。是非糾纏也多。
入父母宮：與父母緣份低，父母不全。自己的生活環境很差。

如何選取喜用神

(上冊)選取喜用神的方法與步驟
(中冊)日元甲、乙、丙、丁選取喜用神的重點與舉例說明
(下冊)日元戊、己、庚、辛、壬、癸選取喜用神的重點與舉例說明

每一個人不管命好、命壞，都會有一個用神和忌神。
喜用神是人生活在地球上磁場的方位。
喜用神也是所有命理知識的基礎。
及早成功、生活舒適的人，都是生活在喜用神方位的人。
運蹇不順、夭折的人，都是進入忌神死門方位的人。
門向、桌向、床向、財方、吉方、忌方，全來自於喜用神的方位。
用神和忌神是相對的兩極。
一個趨吉，一個是敗地、死門。
兩者都是人類生命中最重要的部份。
你算過無數的命，但是不知道喜用神，還是枉然。
法雲居士特別用簡易明瞭的方式教你選取喜用神的方法，
並且幫助你找出自己大運的方向。

用你的運氣來減肥瘦身

法雲居士⊙著

人身邊的運氣有好多種，有好運，
也有衰運、壞運。通常大家只喜歡好運，
用好運來得到財富和名利。

但通常大家不知道，所有的運氣都是
可用之材。

衰運、壞運只是不能為您得財、得利，
有禍端而已，也是有用處的。只要運用
得當，即能化險為夷，反敗為勝。並且
運用得法，還能減肥、瘦身、養生。

這是一種不必痛、不必麻煩，會自然而
然瘦下來的瘦身減肥術，以前減肥失敗
的人，不妨可以來試試看。

學會這套方法之後，會讓你的人生全部充滿好運和希望，所有
的衰運、壞運也都變成有用的好運了。

如何用偏財運理財致富

法雲居士⊙著

偏財運會創造人生的奇蹟，

偏財運也會為人生帶來財富，

但『暴起暴落』始終是人生中的夢魘。

如何讓暴發的財富永遠留在你的身邊，

如何用一次接一次的偏財運增高你的人生
格局。

這本『如何用偏財運來理財致富』就明確
的提供了發財的方法和用偏財運來理財致
富的訣竅，讓你永不後悔，痛快的過你的
人生！

紫微命格論健康

上、下冊

法雲居士⊙著

陰陽五行自古以來就是命理學和中國醫學的源頭及理論的重要依據。

命理學和中醫學運用陰陽五行做為一種歸類和推演的規律，運用生剋制化的功能，來達到醫治、看病、養生的效果。因此命理學和中醫學既是相通的，又是同出一源的。

上冊談的是每個命格在健康上所展現的現象。

下冊談的是疾病因命格不同所產生的理論問題。

教您利用流年、流月、流日來看生理狀況和生病日。以及如何挑選看病、開刀，做重大治療的好時間與好方位，提供您保養身體與預防疾病的要訣。

紫微斗數自最能掌握時間要素的命理學。生命和時間有關，能把握時間效應，就能長壽。此書能教您如何保護生命資源，達到長壽之目的。

對你有影響的

日月機巨

上、中、下冊

法雲居士⊙著

在每個人的命盤中都有太陽、太陰、天機、巨門四顆星，這四顆星在人命格中具有和前程、智慧、靈敏度、計謀、競爭、感情，以及應得的故定財祿有關的主導關係。

其實你也會發現這四顆星，不但一起主宰了你的情緒智商，同時也共同主宰了你的前途命運及一生富貴。

中冊講的是太陰星在人生命中之重要性。太陰代表人的質量，代表人本命的財，也代表人命中身宮裡靈魂深處的東西。

太陰更代表你和女人相處的關係，以及你一輩子可享受的錢財，因此對人很重要！太陰又代表月亮，因此月球對地球的關係也對地球上的每個人有極大的影響力。

下冊講的是天機星和巨門星在人的生命中之重要性。

天機代表智慧、聰明和活動的動感，以及運氣升降的方式和速度。

巨門代表人體上出入口之慾望，也代表口舌是非，巨門是隔角煞，是人生轉彎處會絆礙你的尖銳拐角。天機與巨門主宰人命運的成功與奮發力，對每個人也有極大的影響力！

星曜特質系列包括：『殺、破、狼』上下冊、『羊陀火鈴』、『十干化忌』、『權、祿、科』、『天空地劫』、『昌曲左右』、『紫、廉、武』、『府相同梁』上下冊、『日月機巨』、『身宮和命主、身主』。

此套書是法雲居士對學習紫微斗數者常忽略或弄不清星曜特質，常對自己的命格有過高的期望或過於看輕的解釋，這兩種現象都是不好的算命方式。因此以這套書來提供大家參考與印證。

命理生活新智慧・叢書

紫微斗數全書詳析

《上、中、下、批命篇》四冊一套

◎法雲居士◎著

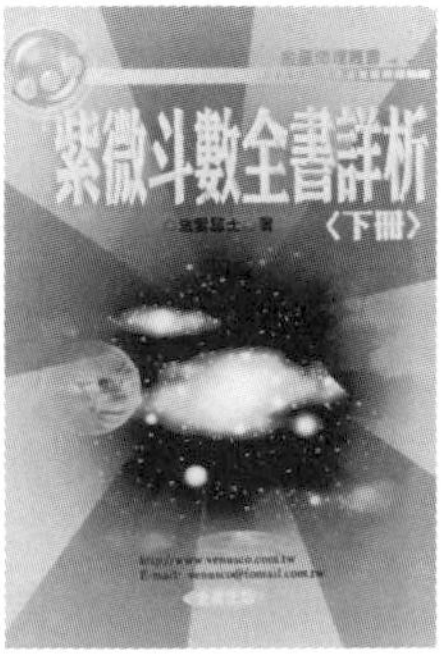

『紫微斗數全書』是學習紫微斗數者必先熟讀的一本書。但是這本書經過歷代人士的添補、解說或後人在翻印上植字有誤，很多文義已有模糊不清的問題。

法雲居士為方便後學者在學習上減低困難度，特將『紫微斗數全書』中的文章譯出，並詳加解釋，更正錯字，並分析命理格局的形成，和解釋命理格局的典故。使你一目瞭然，更能心領神會。

這是一本進入紫微世界的工具書，同時也是一把打開斗數命理的金鑰匙。